中华人民共和国
新法规汇编

2024
第5辑

司法部 编

中国法制出版社

编辑说明

一、《中华人民共和国新法规汇编》是国家出版的法律、行政法规汇编正式版本，是刊登报国务院备案并予以登记的部门规章的指定出版物。

二、本汇编收集的内容包括：上一个月内由全国人民代表大会及其常务委员会通过的法律和有关法律问题的决定，国务院公布的行政法规和国务院文件，报国务院备案并予以登记的部门规章，最高人民法院和最高人民检察院公布的司法解释。另外，还收入了上一个月内报国务院备案并予以登记的地方性法规和地方政府规章目录。

三、本汇编收集的内容，按下列分类顺序编排：法律，行政法规，国务院文件，国务院部门规章，司法解释。每类中按公布的时间顺序排列。报国务院备案并予以登记的地方性法规和地方政府规章目录按1987年国务院批准的行政区划顺序排列；同一行政区域报备两件以上者，按公布时间顺序排列。

四、本汇编每年出版12辑，每月出版1辑。本辑为2024年度第5辑，收入2024年4月份内公布的法律3件、行政法规2件、国务院文件1件、报国务院备案并经审查予以登记编号的部门规章9件、司法解释1件，共计16件。

五、本汇编在编辑出版过程中，得到了国务院有关部门和有关方面以及广大读者的大力支持和协助，在此谨致谢意。

司法部

2024年5月

目　录

编辑说明 ……………………………………………………… （1）

法　律

中华人民共和国学位法 ………………………………… （1）
中华人民共和国关税法 ………………………………… （10）
全国人民代表大会常务委员会关于修改《中华人民共
　和国农业技术推广法》、《中华人民共和国未成年人
　保护法》、《中华人民共和国生物安全法》的决定 ……… （27）

行政法规

生态保护补偿条例 ……………………………………… （29）
国际邮轮在中华人民共和国港口靠港补给的规定 ……… （36）

国务院文件

国务院关于加强监管防范风险推动资本市场高质量发
　展的若干意见 ………………………………………… （40）

国务院部门规章

中国人民银行关于修改《支付结算办法》的决定 ……… （47）
支付结算办法 …………………………………………… （47）
工业和信息化部行政复议实施办法 …………………… （92）

国家国防科技工业局行政复议实施办法 …………………（96）
地名管理条例实施办法 ………………………………（103）
海关总署关于废止《中华人民共和国海关对横琴新区
　监管办法（试行）》的决定 ………………………（107）
国家计量技术规范管理办法 …………………………（107）
促进和规范数据跨境流动规定 ………………………（114）
民用航空计量管理规定 ………………………………（117）
应急管理部行政复议和行政应诉工作办法 …………（120）

司法解释

最高人民法院关于办理减刑、假释案件审查财产性判
　项执行问题的规定 …………………………………（132）

附：

2024年4月份报国务院备案并予以登记的地方性法
　规、自治条例、单行条例和地方政府规章目录 ………（136）

法 律

中华人民共和国学位法

（2024年4月26日第十四届全国人民代表大会常务委员会第九次会议通过 2024年4月26日中华人民共和国主席令第22号公布 自2025年1月1日起施行）

目 录

第一章 总 则
第二章 学位工作体制
第三章 学位授予资格
第四章 学位授予条件
第五章 学位授予程序
第六章 学位质量保障
第七章 附 则

第一章 总 则

第一条 为了规范学位授予工作，保护学位申请人的合法权益，保障学位质量，培养担当民族复兴大任的时代新人，建设教育强国、科技强国、人才强国，服务全面建设社会主义现代化国家，根据宪法，制定本法。

第二条 国家实行学位制度。学位分为学士、硕士、博士，包括学术学位、专业学位等类型，按照学科门类、专业学位类别等授予。

1

第三条 学位工作坚持中国共产党的领导,全面贯彻国家的教育方针,践行社会主义核心价值观,落实立德树人根本任务,遵循教育规律,坚持公平、公正、公开,坚持学术自由与学术规范相统一,促进创新发展,提高人才自主培养质量。

第四条 拥护中国共产党的领导、拥护社会主义制度的中国公民,在高等学校、科学研究机构学习或者通过国家规定的其他方式接受教育,达到相应学业要求、学术水平或者专业水平的,可以依照本法规定申请相应学位。

第五条 经审批取得相应学科、专业学位授予资格的高等学校、科学研究机构为学位授予单位,其授予学位的学科、专业为学位授予点。学位授予单位可以依照本法规定授予相应学位。

第二章 学位工作体制

第六条 国务院设立学位委员会,领导全国学位工作。

国务院学位委员会设主任委员一人,副主任委员和委员若干人。主任委员、副主任委员和委员由国务院任免,每届任期五年。

国务院学位委员会设立专家组,负责学位评审评估、质量监督、研究咨询等工作。

第七条 国务院学位委员会在国务院教育行政部门设立办事机构,承担国务院学位委员会日常工作。

国务院教育行政部门负责全国学位管理有关工作。

第八条 省、自治区、直辖市人民政府设立省级学位委员会,在国务院学位委员会的指导下,领导本行政区域学位工作。

省、自治区、直辖市人民政府教育行政部门负责本行政区域学位管理有关工作。

第九条 学位授予单位设立学位评定委员会,履行下列职责:

(一)审议本单位学位授予的实施办法和具体标准;

(二)审议学位授予点的增设、撤销等事项;

（三）作出授予、不授予、撤销相应学位的决议；

（四）研究处理学位授予争议；

（五）受理与学位相关的投诉或者举报；

（六）审议其他与学位相关的事项。

学位评定委员会可以设立若干分委员会协助开展工作，并可以委托分委员会履行相应职责。

第十条 学位评定委员会由学位授予单位具有高级专业技术职务的负责人、教学科研人员组成，其组成人员应当为不少于九人的单数。学位评定委员会主席由学位授予单位主要行政负责人担任。

学位评定委员会作出决议，应当以会议的方式进行。审议本法第九条第一款第一项至第四项所列事项或者其他重大事项的，会议应当有全体组成人员的三分之二以上出席。决议事项以投票方式表决，由全体组成人员的过半数通过。

第十一条 学位评定委员会及分委员会的组成人员、任期、职责分工、工作程序等由学位授予单位确定并公布。

第三章 学位授予资格

第十二条 高等学校、科学研究机构申请学位授予资格，应当具备下列条件：

（一）坚持社会主义办学方向，落实立德树人根本任务；

（二）符合国家和地方经济社会发展需要、高等教育发展规划；

（三）具有与所申请学位授予资格相适应的师资队伍、设施设备等教学科研资源及办学水平；

（四）法律、行政法规规定的其他条件。

国务院学位委员会、省级学位委员会可以根据前款规定，对申请相应学位授予资格的条件作出具体规定。

第十三条 依法实施本科教育且具备本法第十二条规定条件

的高等学校,可以申请学士学位授予资格。依法实施本科教育、研究生教育且具备本法第十二条规定条件的高等学校、科学研究机构,可以申请硕士、博士学位授予资格。

第十四条 学士学位授予资格,由省级学位委员会审批,报国务院学位委员会备案。

硕士学位授予资格,由省级学位委员会组织审核,报国务院学位委员会审批。

博士学位授予资格,由国务院教育行政部门组织审核,报国务院学位委员会审批。

审核学位授予资格,应当组织专家评审。

第十五条 申请学位授予资格,应当在国务院学位委员会、省级学位委员会规定的期限内提出。

负责学位授予资格审批的单位应当自受理申请之日起九十日内作出决议,并向社会公示。公示期不少于十个工作日。公示期内有异议的,应当组织复核。

第十六条 符合条件的学位授予单位,经国务院学位委员会批准,可以自主开展增设硕士、博士学位授予点审核。自主增设的学位授予点,应当报国务院学位委员会审批。具体条件和办法由国务院学位委员会制定。

第十七条 国家立足经济社会发展对各类人才的需求,优化学科结构和学位授予点布局,加强基础学科、新兴学科、交叉学科建设。

国务院学位委员会可以根据国家重大需求和经济发展、科技创新、文化传承、维护人民群众生命健康的需要,对相关学位授予点的设置、布局和学位授予另行规定条件和程序。

第四章 学位授予条件

第十八条 学位申请人应当拥护中国共产党的领导,拥护社会主义制度,遵守宪法和法律,遵守学术道德和学术规范。

学位申请人在高等学校、科学研究机构学习或者通过国家规定的其他方式接受教育,达到相应学业要求、学术水平或者专业水平的,由学位授予单位分别依照本法第十九条至第二十一条规定的条件授予相应学位。

第十九条 接受本科教育,通过规定的课程考核或者修满相应学分,通过毕业论文或者毕业设计等毕业环节审查,表明学位申请人达到下列水平的,授予学士学位:

(一)在本学科或者专业领域较好地掌握基础理论、专门知识和基本技能;

(二)具有从事学术研究或者承担专业实践工作的初步能力。

第二十条 接受硕士研究生教育,通过规定的课程考核或者修满相应学分,完成学术研究训练或者专业实践训练,通过学位论文答辩或者规定的实践成果答辩,表明学位申请人达到下列水平的,授予硕士学位:

(一)在本学科或者专业领域掌握坚实的基础理论和系统的专门知识;

(二)学术学位申请人应当具有从事学术研究工作的能力,专业学位申请人应当具有承担专业实践工作的能力。

第二十一条 接受博士研究生教育,通过规定的课程考核或者修满相应学分,完成学术研究训练或者专业实践训练,通过学位论文答辩或者规定的实践成果答辩,表明学位申请人达到下列水平的,授予博士学位:

(一)在本学科或者专业领域掌握坚实全面的基础理论和系统深入的专门知识;

(二)学术学位申请人应当具有独立从事学术研究工作的能力,专业学位申请人应当具有独立承担专业实践工作的能力;

(三)学术学位申请人应当在学术研究领域做出创新性成果,专业学位申请人应当在专业实践领域做出创新性成果。

第二十二条　学位授予单位应当根据本法第十八条至第二十一条规定的条件，结合本单位学术评价标准，坚持科学的评价导向，在充分听取相关方面意见的基础上，制定各学科、专业的学位授予具体标准并予以公布。

第五章　学位授予程序

第二十三条　符合本法规定的受教育者，可以按照学位授予单位的要求提交申请材料，申请相应学位。非学位授予单位的应届毕业生，由毕业单位推荐，可以向相关学位授予单位申请学位。

学位授予单位应当自申请日期截止之日起六十日内审查决定是否受理申请，并通知申请人。

第二十四条　申请学士学位的，由学位评定委员会组织审查，作出是否授予学士学位的决议。

第二十五条　申请硕士、博士学位的，学位授予单位应当在组织答辩前，将学位申请人的学位论文或者实践成果送专家评阅。

经专家评阅，符合学位授予单位规定的，进入答辩程序。

第二十六条　学位授予单位应当按照学科、专业组织硕士、博士学位答辩委员会。硕士学位答辩委员会组成人员应当不少于三人。博士学位答辩委员会组成人员应当不少于五人，其中学位授予单位以外的专家应当不少于二人。

学位论文或者实践成果应当在答辩前送答辩委员会组成人员审阅，答辩委员会组成人员应当独立负责地履行职责。

答辩委员会应当按照规定的程序组织答辩，就学位申请人是否通过答辩形成决议并当场宣布。答辩以投票方式表决，由全体组成人员的三分之二以上通过。除内容涉及国家秘密的外，答辩应当公开举行。

第二十七条　学位论文答辩或者实践成果答辩未通过的，经答辩委员会同意，可以在规定期限内修改，重新申请答辩。

博士学位答辩委员会认为学位申请人虽未达到博士学位的水平，但已达到硕士学位的水平，且学位申请人尚未获得过本单位该学科、专业硕士学位的，经学位申请人同意，可以作出建议授予硕士学位的决议，报送学位评定委员会审定。

第二十八条　学位评定委员会应当根据答辩委员会的决议，在对学位申请进行审核的基础上，作出是否授予硕士、博士学位的决议。

第二十九条　学位授予单位应当根据学位评定委员会授予学士、硕士、博士学位的决议，公布授予学位的人员名单，颁发学位证书，并向省级学位委员会报送学位授予信息。省级学位委员会将本行政区域的学位授予信息报国务院学位委员会备案。

第三十条　学位授予单位应当保存学位申请人的申请材料和学位论文、实践成果等档案资料；博士学位论文应当同时交存国家图书馆和有关专业图书馆。

涉密学位论文、实践成果及学位授予过程应当依照保密法律、行政法规和国家有关保密规定，加强保密管理。

第六章　学位质量保障

第三十一条　学位授予单位应当建立本单位学位质量保障制度，加强招生、培养、学位授予等全过程质量管理，及时公开相关信息，接受社会监督，保证授予学位的质量。

第三十二条　学位授予单位应当为研究生配备品行良好、具有较高学术水平或者较强实践能力的教师、科研人员或者专业人员担任指导教师，建立遴选、考核、监督和动态调整机制。

研究生指导教师应当为人师表，履行立德树人职责，关心爱护学生，指导学生开展相关学术研究和专业实践，遵守学术道德和学术规范，提高学术水平或者专业水平。

第三十三条　博士学位授予单位应当立足培养高层次创新人

才,加强博士学位授予点建设,加大对博士研究生的培养、管理和支持力度,提高授予博士学位的质量。

博士研究生指导教师应当认真履行博士研究生培养职责,在培养关键环节严格把关,全过程加强指导,提高培养质量。

博士研究生应当努力钻研和实践,认真准备学位论文或者实践成果,确保符合学术规范和创新要求。

第三十四条 国务院教育行政部门和省级学位委员会应当在各自职责范围内定期组织专家对已经批准的学位授予单位及学位授予点进行质量评估。对经质量评估确认不能保证所授学位质量的,责令限期整改;情节严重的,由原审批单位撤销相应学位授予资格。

自主开展增设硕士、博士学位授予点审核的学位授予单位,研究生培养质量达不到规定标准或者学位质量管理存在严重问题的,国务院学位委员会应当撤销其自主审核资格。

第三十五条 学位授予单位可以根据本单位学科、专业需要,向原审批单位申请撤销相应学位授予点。

第三十六条 国务院教育行政部门应当加强信息化建设,完善学位信息管理系统,依法向社会提供信息服务。

第三十七条 学位申请人、学位获得者在攻读该学位过程中有下列情形之一的,经学位评定委员会决议,学位授予单位不授予学位或者撤销学位:

(一)学位论文或者实践成果被认定为存在代写、剽窃、伪造等学术不端行为;

(二)盗用、冒用他人身份,顶替他人取得的入学资格,或者以其他非法手段取得入学资格、毕业证书;

(三)攻读期间存在依法不应当授予学位的其他严重违法行为。

第三十八条 违反本法规定授予学位、颁发学位证书的,由教育行政部门宣布证书无效,并依照《中华人民共和国教育法》的有关规定处理。

第三十九条 学位授予单位拟作出不授予学位或者撤销学位决定的,应当告知学位申请人或者学位获得者拟作出决定的内容及事实、理由、依据,听取其陈述和申辩。

第四十条 学位申请人对专家评阅、答辩、成果认定等过程中相关学术组织或者人员作出的学术评价结论有异议的,可以向学位授予单位申请学术复核。学位授予单位应当自受理学术复核申请之日起三十日内重新组织专家进行复核并作出复核决定,复核决定为最终决定。学术复核的办法由学位授予单位制定。

第四十一条 学位申请人或者学位获得者对不受理其学位申请、不授予其学位或者撤销其学位等行为不服的,可以向学位授予单位申请复核,或者请求有关机关依照法律规定处理。

学位申请人或者学位获得者申请复核的,学位授予单位应当自受理复核申请之日起三十日内进行复核并作出复核决定。

第七章 附 则

第四十二条 军队设立学位委员会。军队学位委员会依据本法负责管理军队院校和科学研究机构的学位工作。

第四十三条 对在学术或者专门领域、在推进科学教育和文化交流合作方面做出突出贡献,或者对世界和平与人类发展有重大贡献的个人,可以授予名誉博士学位。

取得博士学位授予资格的学位授予单位,经学位评定委员会审议通过,报国务院学位委员会批准后,可以向符合前款规定条件的个人授予名誉博士学位。

名誉博士学位授予、撤销的具体办法由国务院学位委员会制定。

第四十四条 学位授予单位对申请学位的境外个人,依照本法规定的学业要求、学术水平或者专业水平等条件和相关程序授予相应学位。

学位授予单位在境外授予学位的,适用本法有关规定。

境外教育机构在境内授予学位的,应当遵守中国有关法律法规的规定。

对境外教育机构颁发的学位证书的承认,应当严格按照国家有关规定办理。

第四十五条 本法自2025年1月1日起施行。《中华人民共和国学位条例》同时废止。

中华人民共和国关税法

(2024年4月26日第十四届全国人民代表大会常务委员会第九次会议通过 2024年4月26日中华人民共和国主席令第23号公布 自2024年12月1日起施行)

目 录

第一章 总 则
第二章 税目和税率
第三章 应纳税额
第四章 税收优惠和特殊情形关税征收
第五章 征收管理
第六章 法律责任
第七章 附 则

第一章 总 则

第一条 为了规范关税的征收和缴纳,维护进出口秩序,促进对外贸易,推进高水平对外开放,推动高质量发展,维护国家主权和利益,保护纳税人合法权益,根据宪法,制定本法。

第二条 中华人民共和国准许进出口的货物、进境物品,由海关依照本法和有关法律、行政法规的规定征收关税。

第三条 进口货物的收货人、出口货物的发货人、进境物品的携带人或者收件人,是关税的纳税人。

从事跨境电子商务零售进口的电子商务平台经营者、物流企业和报关企业,以及法律、行政法规规定负有代扣代缴、代收代缴关税税款义务的单位和个人,是关税的扣缴义务人。

第四条 进出口货物的关税税目、税率以及税目、税率的适用规则等,依照本法所附《中华人民共和国进出口税则》(以下简称《税则》)执行。

第五条 个人合理自用的进境物品,按照简易征收办法征收关税。超过个人合理自用数量的进境物品,按照进口货物征收关税。

个人合理自用的进境物品,在规定数额以内的免征关税。

进境物品关税简易征收办法和免征关税数额由国务院规定,报全国人民代表大会常务委员会备案。

第六条 关税工作坚持中国共产党的领导,贯彻落实党和国家路线方针政策、决策部署,为国民经济和社会发展服务。

第七条 国务院设立关税税则委员会,履行下列职责:

(一)审议关税工作重大规划,拟定关税改革发展方案,并组织实施;

(二)审议重大关税政策和对外关税谈判方案;

(三)提出《税则》调整建议;

(四)定期编纂、发布《税则》;

(五)解释《税则》的税目、税率;

(六)决定征收反倾销税、反补贴税、保障措施关税,实施国务院决定的其他关税措施;

(七)法律、行政法规和国务院规定的其他职责。

国务院关税税则委员会的组成和工作规则由国务院规定。

第八条 海关及其工作人员对在履行职责中知悉的纳税人、扣缴义务人的商业秘密、个人隐私、个人信息，应当依法予以保密，不得泄露或者非法向他人提供。

第二章 税目和税率

第九条 关税税目由税则号列和目录条文等组成。

关税税目适用规则包括归类规则等。进出口货物的商品归类，应当按照《税则》规定的目录条文和归类总规则、类注、章注、子目注释、本国子目注释，以及其他归类注释确定，并归入相应的税则号列。

根据实际需要，国务院关税税则委员会可以提出调整关税税目及其适用规则的建议，报国务院批准后发布执行。

第十条 进口关税设置最惠国税率、协定税率、特惠税率、普通税率。

出口关税设置出口税率。

对实行关税配额管理的进出口货物，设置关税配额税率。

对进出口货物在一定期限内可以实行暂定税率。

第十一条 关税税率的适用应当符合相应的原产地规则。

完全在一个国家或者地区获得的货物，以该国家或者地区为原产地；两个以上国家或者地区参与生产的货物，以最后完成实质性改变的国家或者地区为原产地。国务院根据中华人民共和国缔结或者共同参加的国际条约、协定对原产地的确定另有规定的，依照其规定。

进口货物原产地的具体确定，依照本法和国务院及其有关部门的规定执行。

第十二条 原产于共同适用最惠国待遇条款的世界贸易组织成员的进口货物，原产于与中华人民共和国缔结或者共同参加含有相互给予最惠国待遇条款的国际条约、协定的国家或者地区的进口货物,以及原产于中华人民共和国境内的进口货物,适用最惠国税率。

原产于与中华人民共和国缔结或者共同参加含有关税优惠条款的国际条约、协定的国家或者地区且符合国际条约、协定有关规定的进口货物,适用协定税率。

原产于中华人民共和国给予特殊关税优惠安排的国家或者地区且符合国家原产地管理规定的进口货物,适用特惠税率。

原产于本条第一款至第三款规定以外的国家或者地区的进口货物,以及原产地不明的进口货物,适用普通税率。

第十三条 适用最惠国税率的进口货物有暂定税率的,适用暂定税率。

适用协定税率的进口货物有暂定税率的,从低适用税率;其最惠国税率低于协定税率且无暂定税率的,适用最惠国税率。

适用特惠税率的进口货物有暂定税率的,从低适用税率。

适用普通税率的进口货物,不适用暂定税率。

适用出口税率的出口货物有暂定税率的,适用暂定税率。

第十四条 实行关税配额管理的进出口货物,关税配额内的适用关税配额税率,有暂定税率的适用暂定税率;关税配额外的,其税率的适用按照本法第十二条、第十三条的规定执行。

第十五条 关税税率的调整,按照下列规定执行:

(一)需要调整中华人民共和国在加入世界贸易组织议定书中承诺的最惠国税率、关税配额税率和出口税率的,由国务院关税税则委员会提出建议,经国务院审核后报全国人民代表大会常务委员会决定。

(二)根据实际情况,在中华人民共和国加入世界贸易组织议定书中承诺的范围内调整最惠国税率、关税配额税率和出口税率,调整特惠税率适用的国别或者地区、货物范围和税率,或者调整普通税率的,由国务院决定,报全国人民代表大会常务委员会备案。

(三)特殊情况下最惠国税率的适用,由国务院决定,报全国人民代表大会常务委员会备案。

协定税率在完成有关国际条约、协定的核准或者批准程序后,由国务院关税税则委员会组织实施。

实行暂定税率的货物范围、税率和期限由国务院关税税则委员会决定。

与关税税目调整相关的税率的技术性转换,由国务院关税税则委员会提出建议,报国务院批准后执行。

关税税率依照前四款规定调整的,由国务院关税税则委员会发布。

第十六条 依法对进口货物征收反倾销税、反补贴税、保障措施关税的,其税率的适用按照有关反倾销、反补贴和保障措施的法律、行政法规的规定执行。

第十七条 任何国家或者地区不履行与中华人民共和国缔结或者共同参加的国际条约、协定中的最惠国待遇条款或者关税优惠条款,国务院关税税则委员会可以提出按照对等原则采取相应措施的建议,报国务院批准后执行。

第十八条 任何国家或者地区违反与中华人民共和国缔结或者共同参加的国际条约、协定,对中华人民共和国在贸易方面采取禁止、限制、加征关税或者其他影响正常贸易的措施的,对原产于该国家或者地区的进口货物可以采取征收报复性关税等措施。

征收报复性关税的货物范围、适用国别或者地区、税率、期限和征收办法,由国务院关税税则委员会提出建议,报国务院批准后执行。

第十九条 涉及本法第十六条、第十七条、第十八条规定措施的进口货物,纳税人未提供证明材料,或者提供了证明材料但经海关审核仍无法排除该货物原产于被采取规定措施的国家或者地区的,对该货物适用下列两项税率中较高者:

(一)因采取规定措施对相关货物所实施的最高税率与按照本

法第十二条、第十三条、第十四条规定适用的税率相加后的税率；

（二）普通税率。

第二十条 进出口货物、进境物品，应当适用纳税人、扣缴义务人完成申报之日实施的税率。

进口货物到达前，经海关核准先行申报的，应当适用装载该货物的运输工具申报进境之日实施的税率。

第二十一条 有下列情形之一的，应当适用纳税人、扣缴义务人办理纳税手续之日实施的税率：

（一）保税货物不复运出境，转为内销；

（二）减免税货物经批准转让、移作他用或者进行其他处置；

（三）暂时进境货物不复运出境或者暂时出境货物不复运进境；

（四）租赁进口货物留购或者分期缴纳税款。

第二十二条 补征或者退还关税税款，应当按照本法第二十条或者第二十一条的规定确定适用的税率。

因纳税人、扣缴义务人违反规定需要追征税款的，应当适用违反规定行为发生之日实施的税率；行为发生之日不能确定的，适用海关发现该行为之日实施的税率。

第三章 应纳税额

第二十三条 关税实行从价计征、从量计征、复合计征的方式征收。

实行从价计征的，应纳税额按照计税价格乘以比例税率计算。

实行从量计征的，应纳税额按照货物数量乘以定额税率计算。

实行复合计征的，应纳税额按照计税价格乘以比例税率与货物数量乘以定额税率之和计算。

第二十四条 进口货物的计税价格以成交价格以及该货物运抵中华人民共和国境内输入地点起卸前的运输及其相关费用、保险费为基础确定。

进口货物的成交价格,是指卖方向中华人民共和国境内销售该货物时买方为进口该货物向卖方实付、应付的,并按照本法第二十五条、第二十六条规定调整后的价款总额,包括直接支付的价款和间接支付的价款。

进口货物的成交价格应当符合下列条件:

(一)对买方处置或者使用该货物不予限制,但法律、行政法规规定的限制、对货物转售地域的限制和对货物价格无实质性影响的限制除外;

(二)该货物的成交价格没有因搭售或者其他因素的影响而无法确定;

(三)卖方不得从买方直接或者间接获得因该货物进口后转售、处置或者使用而产生的任何收益,或者虽有收益但能够按照本法第二十五条、第二十六条的规定进行调整;

(四)买卖双方没有特殊关系,或者虽有特殊关系但未对成交价格产生影响。

第二十五条 进口货物的下列费用应当计入计税价格:

(一)由买方负担的购货佣金以外的佣金和经纪费;

(二)由买方负担的与该货物视为一体的容器的费用;

(三)由买方负担的包装材料费用和包装劳务费用;

(四)与该货物的生产和向中华人民共和国境内销售有关的,由买方以免费或者以低于成本的方式提供并可以按适当比例分摊的料件、工具、模具、消耗材料及类似货物的价款,以及在中华人民共和国境外开发、设计等相关服务的费用;

(五)作为该货物向中华人民共和国境内销售的条件,买方必须支付的、与该货物有关的特许权使用费;

(六)卖方直接或者间接从买方获得的该货物进口后转售、处置或者使用的收益。

第二十六条 进口时在货物的价款中列明的下列费用、税收,不计入该货物的计税价格：

（一）厂房、机械、设备等货物进口后进行建设、安装、装配、维修和技术服务的费用，但保修费用除外；

（二）进口货物运抵中华人民共和国境内输入地点起卸后的运输及其相关费用、保险费；

（三）进口关税及国内税收。

第二十七条　进口货物的成交价格不符合本法第二十四条第三款规定条件，或者成交价格不能确定的，海关经了解有关情况，并与纳税人进行价格磋商后，依次以下列价格估定该货物的计税价格：

（一）与该货物同时或者大约同时向中华人民共和国境内销售的相同货物的成交价格；

（二）与该货物同时或者大约同时向中华人民共和国境内销售的类似货物的成交价格；

（三）与该货物进口的同时或者大约同时，将该进口货物、相同或者类似进口货物在中华人民共和国境内第一级销售环节销售给无特殊关系买方最大销售总量的单位价格，但应当扣除本法第二十八条规定的项目；

（四）按照下列各项总和计算的价格：生产该货物所使用的料件成本和加工费用，向中华人民共和国境内销售同等级或者同种类货物通常的利润和一般费用，该货物运抵中华人民共和国境内输入地点起卸前的运输及其相关费用、保险费；

（五）以合理方法估定的价格。

纳税人可以向海关提供有关资料，申请调整前款第三项和第四项的适用次序。

第二十八条　按照本法第二十七条第一款第三项规定估定计税价格，应当扣除下列项目：

（一）同等级或者同种类货物在中华人民共和国境内第一级销售环节销售时通常的利润和一般费用以及通常支付的佣金；

17

（二）进口货物运抵中华人民共和国境内输入地点起卸后的运输及其相关费用、保险费；

（三）进口关税及国内税收。

第二十九条　出口货物的计税价格以该货物的成交价格以及该货物运至中华人民共和国境内输出地点装载前的运输及其相关费用、保险费为基础确定。

出口货物的成交价格，是指该货物出口时卖方为出口该货物应当向买方直接收取和间接收取的价款总额。

出口关税不计入计税价格。

第三十条　出口货物的成交价格不能确定的，海关经了解有关情况，并与纳税人进行价格磋商后，依次以下列价格估定该货物的计税价格：

（一）与该货物同时或者大约同时向同一国家或者地区出口的相同货物的成交价格；

（二）与该货物同时或者大约同时向同一国家或者地区出口的类似货物的成交价格；

（三）按照下列各项总和计算的价格：中华人民共和国境内生产相同或者类似货物的料件成本、加工费用，通常的利润和一般费用，境内发生的运输及其相关费用、保险费；

（四）以合理方法估定的价格。

第三十一条　海关可以依申请或者依职权，对进出口货物、进境物品的计税价格、商品归类和原产地依法进行确定。

必要时，海关可以组织化验、检验，并将海关认定的化验、检验结果作为确定计税价格、商品归类和原产地的依据。

第四章　税收优惠和特殊情形关税征收

第三十二条　下列进出口货物、进境物品，免征关税：

（一）国务院规定的免征额度内的一票货物；

（二）无商业价值的广告品和货样；

（三）进出境运输工具装载的途中必需的燃料、物料和饮食用品；

（四）在海关放行前损毁或者灭失的货物、进境物品；

（五）外国政府、国际组织无偿赠送的物资；

（六）中华人民共和国缔结或者共同参加的国际条约、协定规定免征关税的货物、进境物品；

（七）依照有关法律规定免征关税的其他货物、进境物品。

第三十三条　下列进出口货物、进境物品，减征关税：

（一）在海关放行前遭受损坏的货物、进境物品；

（二）中华人民共和国缔结或者共同参加的国际条约、协定规定减征关税的货物、进境物品；

（三）依照有关法律规定减征关税的其他货物、进境物品。

前款第一项减征关税，应当根据海关认定的受损程度办理。

第三十四条　根据维护国家利益、促进对外交往、经济社会发展、科技创新需要或者由于突发事件等原因，国务院可以制定关税专项优惠政策，报全国人民代表大会常务委员会备案。

第三十五条　减免税货物应当依法办理手续。需由海关监管使用的减免税货物应当接受海关监管，在监管年限内转让、移作他用或者进行其他处置，按照国家有关规定需要补税的，应当补缴关税。

对需由海关监管使用的减免税进境物品，参照前款规定执行。

第三十六条　保税货物复运出境的，免征关税；不复运出境转为内销的，按照规定征收关税。加工贸易保税进口料件或者其制成品内销的，除按照规定征收关税外，还应当征收缓税利息。

第三十七条　暂时进境或者暂时出境的下列货物、物品，可以依法暂不缴纳关税，但该货物、物品应当自进境或者出境之日起六个月内复运出境或者复运进境；需要延长复运出境或者复运进境期限的，应当根据海关总署的规定向海关办理延期手续：

（一）在展览会、交易会、会议以及类似活动中展示或者使用的货物、物品；

（二）文化、体育交流活动中使用的表演、比赛用品；

（三）进行新闻报道或者摄制电影、电视节目使用的仪器、设备及用品；

（四）开展科研、教学、医疗卫生活动使用的仪器、设备及用品；

（五）在本款第一项至第四项所列活动中使用的交通工具及特种车辆；

（六）货样；

（七）供安装、调试、检测设备时使用的仪器、工具；

（八）盛装货物的包装材料；

（九）其他用于非商业目的的货物、物品。

前款所列货物、物品在规定期限内未复运出境或者未复运进境的，应当依法缴纳关税。

第三十八条　本法第三十七条规定以外的其他暂时进境的货物、物品，应当根据该货物、物品的计税价格和其在境内滞留时间与折旧时间的比例计算缴纳进口关税；该货物、物品在规定期限届满后未复运出境的，应当补足依法应缴纳的关税。

本法第三十七条规定以外的其他暂时出境货物，在规定期限届满后未复运进境的，应当依法缴纳关税。

第三十九条　因品质、规格原因或者不可抗力，出口货物自出口之日起一年内原状复运进境的，不征收进口关税。因品质、规格原因或者不可抗力，进口货物自进口之日起一年内原状复运出境的，不征收出口关税。

特殊情形下，经海关批准，可以适当延长前款规定的期限，具体办法由海关总署规定。

第四十条　因残损、短少、品质不良或者规格不符原因，进出口货物的发货人、承运人或者保险公司免费补偿或者更换的相同货物，进出口时不征收关税。被免费更换的原进口货物不退运出境或者原出口货物不退运进境的,海关应当对原进出口货物重新按照规定征收关税。

纳税人应当在原进出口合同约定的请求赔偿期限内且不超过原进出口放行之日起三年内,向海关申报办理免费补偿或者更换货物的进出口手续。

第五章　征收管理

第四十一条　关税征收管理可以实施货物放行与税额确定相分离的模式。

关税征收管理应当适应对外贸易新业态新模式发展需要,提升信息化、智能化、标准化、便利化水平。

第四十二条　进出口货物的纳税人、扣缴义务人可以按照规定选择海关办理申报纳税。

纳税人、扣缴义务人应当按照规定的期限和要求如实向海关申报税额,并提供相关资料。必要时,海关可以要求纳税人、扣缴义务人补充申报。

第四十三条　进出口货物的纳税人、扣缴义务人应当自完成申报之日起十五日内缴纳税款;符合海关规定条件并提供担保的,可以于次月第五个工作日结束前汇总缴纳税款。因不可抗力或者国家税收政策调整,不能按期缴纳的,经向海关申请并提供担保,可以延期缴纳,但最长不得超过六个月。

纳税人、扣缴义务人未在前款规定的纳税期限内缴纳税款的,自规定的期限届满之日起,按日加收滞纳税款万分之五的滞纳金。

税款尚未缴纳,纳税人、扣缴义务人依照有关法律、行政法规的规定申请提供担保要求放行货物的,海关应当依法办理担保手续。

第四十四条　进出口货物的纳税人在规定的纳税期限内有转移、藏匿其应税货物以及其他财产的明显迹象,或者存在其他可能导致无法缴纳税款风险的,海关可以责令其提供担保;纳税人不提供担保的,经直属海关关长或者其授权的隶属海关关长批准,海关可以实施下列强制措施:

(一)书面通知银行业金融机构冻结纳税人金额相当于应纳税款的存款、汇款;

(二)查封、扣押纳税人价值相当于应纳税款的货物或者其他财产。

纳税人在规定的纳税期限内缴纳税款的,海关应当立即解除强制措施。

第四十五条 自纳税人、扣缴义务人缴纳税款或者货物放行之日起三年内,海关有权对纳税人、扣缴义务人的应纳税额进行确认。

海关确认的应纳税额与纳税人、扣缴义务人申报的税额不一致的,海关应当向纳税人、扣缴义务人出具税额确认书。纳税人、扣缴义务人应当按照税额确认书载明的应纳税额,在海关规定的期限内补缴税款或者办理退税手续。

经海关确认应纳税额后需要补缴税款但未在规定的期限内补缴的,自规定的期限届满之日起,按日加收滞纳税款万分之五的滞纳金。

第四十六条 因纳税人、扣缴义务人违反规定造成少征或者漏征税款的,海关可以自缴纳税款或者货物放行之日起三年内追征税款,并自缴纳税款或者货物放行之日起,按日加收少征或者漏征税款万分之五的滞纳金。

第四十七条 对走私行为,海关追征税款、滞纳金的,不受前条规定期限的限制,并有权核定应纳税额。

第四十八条 海关发现海关监管货物因纳税人、扣缴义务人违反规定造成少征或者漏征税款的,应当自纳税人、扣缴义务人应缴纳税款之日起三年内追征税款,并自应缴纳税款之日起按日加收少征或者漏征税款万分之五的滞纳金。

第四十九条　海关可以对纳税人、扣缴义务人欠缴税款的情况予以公告。

纳税人未缴清税款、滞纳金且未向海关提供担保的，经直属海关关长或者其授权的隶属海关关长批准，海关可以按照规定通知移民管理机构对纳税人或者其法定代表人依法采取限制出境措施。

第五十条　纳税人、扣缴义务人未按照规定的期限缴纳或者解缴税款的，由海关责令其限期缴纳；逾期仍未缴纳且无正当理由的，经直属海关关长或者其授权的隶属海关关长批准，海关可以实施下列强制执行措施：

（一）书面通知银行业金融机构划拨纳税人、扣缴义务人金额相当于应纳税款的存款、汇款；

（二）查封、扣押纳税人、扣缴义务人价值相当于应纳税款的货物或者其他财产，依法拍卖或者变卖所查封、扣押的货物或者其他财产，以拍卖或者变卖所得抵缴税款，剩余部分退还纳税人、扣缴义务人。

海关实施强制执行时，对未缴纳的滞纳金同时强制执行。

第五十一条　海关发现多征税款的，应当及时通知纳税人办理退还手续。

纳税人发现多缴税款的，可以自缴纳税款之日起三年内，向海关书面申请退还多缴的税款。海关应当自受理申请之日起三十日内查实并通知纳税人办理退还手续，纳税人应当自收到通知之日起三个月内办理退还手续。

第五十二条　有下列情形之一的，纳税人自缴纳税款之日起一年内，可以向海关申请退还关税：

（一）已征进口关税的货物，因品质、规格原因或者不可抗力，一年内原状复运出境；

（二）已征出口关税的货物，因品质、规格原因或者不可抗力，一年内原状复运进境，并已重新缴纳因出口而退还的国内环节有关税收；

（三）已征出口关税的货物，因故未装运出口，申报退关。

申请退还关税应当以书面形式提出，并提供原缴款凭证及相关资料。海关应当自受理申请之日起三十日内查实并通知纳税人办理退还手续。纳税人应当自收到通知之日起三个月内办理退还手续。

按照其他有关法律、行政法规规定应当退还关税的，海关应当依法予以退还。

第五十三条　按照规定退还关税的，应当加算银行同期活期存款利息。

第五十四条　对规避本法第二章、第三章有关规定，不具有合理商业目的而减少应纳税额的行为，国家可以采取调整关税等反规避措施。

第五十五条　报关企业接受纳税人的委托，以纳税人的名义办理报关纳税手续，因报关企业违反规定造成海关少征、漏征税款的，报关企业对少征或者漏征的税款及其滞纳金与纳税人承担纳税的连带责任。

报关企业接受纳税人的委托，以报关企业的名义办理报关纳税手续的，报关企业与纳税人承担纳税的连带责任。

第五十六条　除不可抗力外，在保管海关监管货物期间，海关监管货物损毁或者灭失的，对海关监管货物负有保管义务的单位或者个人应当承担相应的纳税责任。

第五十七条　未履行纳税义务的纳税人有合并、分立情形的，在合并、分立前，应当向海关报告，依法缴清税款、滞纳金或者提供担保。纳税人合并时未缴清税款、滞纳金或者未提供担保的，由合并后的法人或者非法人组织继续履行未履行的纳税义务；纳税人分立时未缴清税款、滞纳金或者未提供担保的，分立后的法人或者非法人组织对未履行的纳税义务承担连带责任。

纳税人在减免税货物、保税货物监管期间，有合并、分立或者其他资产重组情形的,应当向海关报告;按照规定需要缴税的,应当依法缴清税款、滞纳金或者提供担保;按照规定可以继续享受减免税、保税的,应当向海关办理变更纳税人的手续。

纳税人未履行纳税义务或者在减免税货物、保税货物监管期间,有解散、破产或者其他依法终止经营情形的,应当在清算前向海关报告。海关应当依法清缴税款、滞纳金。

第五十八条 海关征收的税款优先于无担保债权,法律另有规定的除外。纳税人欠缴税款发生在纳税人以其财产设定抵押、质押之前的,税款应当先于抵押权、质权执行。

纳税人欠缴税款,同时被行政机关处以罚款、没收违法所得,其财产不足以同时支付的,应当先缴纳税款。

第五十九条 税款、滞纳金应当按照国家有关规定及时缴入国库。

退还税款、利息涉及从国库中退库的,按照法律、行政法规有关国库管理的规定执行。

第六十条 税款、滞纳金、利息等应当以人民币计算。

进出口货物、进境物品的价格以及有关费用以人民币以外的货币计算的,按照纳税人完成申报之日的计征汇率折合为人民币计算。

前款所称计征汇率,是指按照海关总署规定确定的日期当日的人民币汇率中间价。

第六十一条 海关因关税征收的需要,可以依法向有关政府部门和机构查询纳税人的身份、账户、资金往来等涉及关税的信息,有关政府部门和机构应当在职责范围内予以协助和配合。海关获取的涉及关税的信息只能用于关税征收目的。

第六章 法律责任

第六十二条 有下列情形之一的,由海关给予警告;情节严重

的,处三万元以下的罚款:

(一)未履行纳税义务的纳税人有合并、分立情形,在合并、分立前,未向海关报告;

(二)纳税人在减免税货物、保税货物监管期间,有合并、分立或者其他资产重组情形,未向海关报告;

(三)纳税人未履行纳税义务或者在减免税货物、保税货物监管期间,有解散、破产或者其他依法终止经营情形,未在清算前向海关报告。

第六十三条 纳税人欠缴应纳税款,采取转移或者藏匿财产等手段,妨碍海关依法追征欠缴的税款的,除由海关追征欠缴的税款、滞纳金外,处欠缴税款百分之五十以上五倍以下的罚款。

第六十四条 扣缴义务人应扣未扣、应收未收税款的,由海关向纳税人追征税款,对扣缴义务人处应扣未扣、应收未收税款百分之五十以上三倍以下的罚款。

第六十五条 对本法第六十二条、第六十三条、第六十四条规定以外其他违反本法规定的行为,由海关依照《中华人民共和国海关法》等法律、行政法规的规定处罚。

第六十六条 纳税人、扣缴义务人、担保人对海关确定纳税人、商品归类、货物原产地、纳税地点、计征方式、计税价格、适用税率或者汇率,决定减征或者免征税款,确认应纳税额、补缴税款、退还税款以及加收滞纳金等征税事项有异议的,应当依法先向上一级海关申请行政复议;对行政复议决定不服的,可以依法向人民法院提起行政诉讼。

当事人对海关作出的前款规定以外的行政行为不服的,可以依法申请行政复议,也可以依法向人民法院提起行政诉讼。

第六十七条 违反本法规定,滥用职权、玩忽职守、徇私舞弊或者泄露、非法向他人提供在履行职责中知悉的商业秘密、个人隐私、个人信息的,依法给予处分。

第六十八条 违反本法规定,构成犯罪的,依法追究刑事责任。

第七章 附 则

第六十九条 《中华人民共和国海南自由贸易港法》对海南自由贸易港的关税事宜另有规定的,依照其规定。

第七十条 进口环节海关代征税的征收管理,适用关税征收管理的规定。

船舶吨税的征收,《中华人民共和国船舶吨税法》未作规定的,适用关税征收管理的规定。

第七十一条 从事免税商品零售业务应当经过批准,具体办法由国务院规定。

第七十二条 本法自2024年12月1日起施行。《中华人民共和国进出口关税条例》同时废止。

附:中华人民共和国进出口税则(注:《中华人民共和国进出口税则》由国务院关税税则委员会发布)(略)

全国人民代表大会常务委员会关于修改《中华人民共和国农业技术推广法》、《中华人民共和国未成年人保护法》、《中华人民共和国生物安全法》的决定

(2024年4月26日第十四届全国人民代表大会常务委员会第九次会议通过 2024年4月26日中华人民共和国主席令第24号公布 自公布之日起施行)

第十四届全国人民代表大会常务委员会第九次会议决定:
一、对《中华人民共和国农业技术推广法》作出修改
(一)将第九条中的"国务院农业、林业、水利等部门"修改为

"国务院农业农村、林业草原、水利等部门",删去其中的"同级人民政府科学技术部门对农业技术推广工作进行指导"。

(二)将第十九条中的"会同科学技术等相关部门"修改为"会同相关部门"。

(三)将第二十三条第二款中的"教育、人力资源和社会保障、农业、林业、水利、科学技术等部门"修改为"教育、人力资源和社会保障、农业农村、林业草原、水利、科学技术等部门"。

二、对《中华人民共和国未成年人保护法》作出修改

将第九条修改为:"各级人民政府应当重视和加强未成年人保护工作。县级以上人民政府负责妇女儿童工作的机构,负责未成年人保护工作的组织、协调、指导、督促,有关部门在各自职责范围内做好相关工作。"

三、对《中华人民共和国生物安全法》作出修改

(一)将第五十四条第二款、第五十六条、第五十七条、第七十九条、第八十条中的"科学技术主管部门"修改为"卫生健康主管部门"。

(二)将第五十四条第三款修改为:"国务院卫生健康、科学技术、自然资源、生态环境、农业农村、林业草原、中医药主管部门根据职责分工,组织开展生物资源调查,制定重要生物资源申报登记办法。"

本决定自公布之日起施行。

《中华人民共和国农业技术推广法》、《中华人民共和国未成年人保护法》、《中华人民共和国生物安全法》根据本决定作相应修改,重新公布。

行政法规

生态保护补偿条例

(2024年2月23日国务院第26次常务会议通过 2024年4月6日中华人民共和国国务院令第779号公布 自2024年6月1日起施行)

第一章 总 则

第一条 为了保护和改善生态环境,加强和规范生态保护补偿,调动各方参与生态保护积极性,推动生态文明建设,根据有关法律,制定本条例。

第二条 在中华人民共和国领域及管辖的其他海域开展生态保护补偿及其相关活动,适用本条例。法律、行政法规另有规定的,依照其规定。

本条例所称生态保护补偿,是指通过财政纵向补偿、地区间横向补偿、市场机制补偿等机制,对按照规定或者约定开展生态保护的单位和个人予以补偿的激励性制度安排。生态保护补偿可以采取资金补偿、对口协作、产业转移、人才培训、共建园区、购买生态产品和服务等多种补偿方式。

前款所称单位和个人,包括地方各级人民政府、村民委员会、居民委员会、农村集体经济组织及其成员以及其他应当获得补偿的单位和个人。

第三条 生态保护补偿工作坚持中国共产党的领导,坚持政府主导、社会参与、市场调节相结合,坚持激励与约束并重,坚持统筹协同推进,坚持生态效益与经济效益、社会效益相统一。

第四条 县级以上人民政府应当加强对生态保护补偿工作的组织领导,将生态保护补偿工作纳入国民经济和社会发展规划,构建稳定的生态保护补偿资金投入机制。

县级以上人民政府依法可以通过多种方式拓宽生态保护补偿资金渠道。

第五条 国务院发展改革、财政、自然资源、生态环境、水行政、住房城乡建设、农业农村、林业草原等部门依据各自职责,负责生态保护补偿相关工作。

第六条 县级以上地方人民政府应当建立健全生态保护补偿工作的相关机制,督促所属部门和下级人民政府开展生态保护补偿工作。县级以上地方人民政府有关部门依据各自职责,负责生态保护补偿相关工作。

第七条 对在生态保护补偿工作中作出显著成绩的单位和个人,按照国家有关规定给予表彰和奖励。

第二章 财政纵向补偿

第八条 国家通过财政转移支付等方式,对开展重要生态环境要素保护的单位和个人,以及在依法划定的重点生态功能区、生态保护红线、自然保护地等生态功能重要区域开展生态保护的单位和个人,予以补偿。

第九条 对开展重要生态环境要素保护的单位和个人,中央财政按照下列分类实施补偿(以下称分类补偿):

(一)森林;

(二)草原;

(三)湿地;

(四)荒漠;

(五)海洋;

（六）水流；

（七）耕地；

（八）法律、行政法规和国家规定的水生生物资源、陆生野生动植物资源等其他重要生态环境要素。

前款规定的补偿的具体范围、补偿方式应当统筹考虑地区经济社会发展水平、财政承受能力、生态保护成效等因素分类确定，并连同补偿资金的使用及其监督管理等事项依法向社会公布。中央财政分类补偿的具体办法由国务院主管部门会同其他有关部门分领域制定。

第十条　在中央财政分类补偿的基础上，按照中央与地方财政事权和支出责任划分原则，有关地方人民政府可以结合本地区实际建立分类补偿制度，对开展重要生态环境要素保护的单位和个人加大补偿力度。

法律、行政法规或者国务院规定要求由中央财政和地方财政共同出资实施分类补偿或者由地方财政出资实施分类补偿的，有关地方人民政府应当按照规定及时落实资金。

第十一条　中央财政安排重点生态功能区转移支付，结合财力状况逐步增加转移支付规模。根据生态效益外溢性、生态功能重要性、生态环境敏感性和脆弱性等特点，在重点生态功能区转移支付中实施差异化补偿，加大对生态保护红线覆盖比例较高地区支持力度。

国务院财政部门制定重点生态功能区转移支付管理办法，明确转移支付的范围和转移支付资金的分配方式。

第十二条　国家建立健全以国家公园为主体的自然保护地体系生态保护补偿机制。中央财政和地方财政对开展自然保护地保护的单位和个人分类分级予以补偿，根据自然保护地类型、级别、规模和管护成效等合理确定转移支付规模。

第十三条　地方人民政府及其有关部门获得的生态保护补偿资金应当按照规定用途使用。

地方人民政府及其有关部门应当按照规定将生态保护补偿资金及时补偿给开展生态保护的单位和个人，不得截留、占用、挪用或者拖欠。

由地方人民政府统筹使用的生态保护补偿资金，应当优先用于自然资源保护、生态环境治理和修复等。

生态保护地区所在地有关地方人民政府应当按照国家有关规定，稳步推进不同渠道生态保护补偿资金统筹使用，提高生态保护整体效益。

第三章　地区间横向补偿

第十四条　国家鼓励、指导、推动生态受益地区与生态保护地区人民政府通过协商等方式建立生态保护补偿机制，开展地区间横向生态保护补偿。

根据生态保护实际需要，上级人民政府可以组织、协调下级人民政府之间开展地区间横向生态保护补偿。

第十五条　地区间横向生态保护补偿针对下列区域开展：

（一）江河流域上下游、左右岸、干支流所在区域；

（二）重要生态环境要素所在区域以及其他生态功能重要区域；

（三）重大引调水工程水源地以及沿线保护区；

（四）其他按照协议开展生态保护补偿的区域。

第十六条　对在生态功能特别重要的跨省、自治区、直辖市和跨自治州、设区的市重点区域开展地区间横向生态保护补偿的，中央财政和省级财政可以给予引导支持。

对开展地区间横向生态保护补偿取得显著成效的，国务院发展改革、财政等部门可以在规划、资金、项目安排等方面给予适当支持。

第十七条　开展地区间横向生态保护补偿，有关地方人民政

府应当签订书面协议(以下称补偿协议),明确下列事项:

(一)补偿的具体范围;

(二)生态保护预期目标及其监测、评判指标;

(三)生态保护地区的生态保护责任;

(四)补偿方式以及落实补偿的相关安排;

(五)协议期限;

(六)违反协议的处理;

(七)其他事项。

确定补偿协议的内容,应当综合考虑生态保护现状、生态保护成本、生态保护成效以及地区经济社会发展水平、财政承受能力等因素。

生态保护地区获得的生态保护补偿资金,应当用于本地区自然资源保护、生态环境治理和修复、经济社会发展和民生改善等。需要直接补偿给单位和个人的,应当按照规定及时补偿,不得截留、占用、挪用或者拖欠。

第十八条 有关地方人民政府应当严格履行所签订的补偿协议。生态保护地区应当按照协议落实生态保护措施,生态受益地区应当按照约定积极主动履行补偿责任。

因补偿协议履行产生争议的,有关地方人民政府应当协商解决;协商不成的,报请共同的上一级人民政府协调解决,必要时共同的上一级人民政府可以作出决定,有关地方人民政府应当执行。

第十九条 有关地方人民政府在补偿协议期限届满后,根据实际需要续签补偿协议,续签补偿协议时可以对有关事项重新协商。

第四章 市场机制补偿

第二十条 国家充分发挥市场机制在生态保护补偿中的作用,推进生态保护补偿市场化发展,拓展生态产品价值实现模式。

第二十一条 国家鼓励企业、公益组织等社会力量以及地方人民政府按照市场规则,通过购买生态产品和服务等方式开展生态保护补偿。

第二十二条 国家建立健全碳排放权、排污权、用水权、碳汇权益等交易机制,推动交易市场建设,完善交易规则。

第二十三条 国家鼓励、支持生态保护与生态产业发展有机融合,在保障生态效益前提下,采取多种方式发展生态产业,推动生态优势转化为产业优势,提高生态产品价值。

发展生态产业应当完善农村集体经济组织和农村居民参与方式,建立持续性惠益分享机制,促进生态保护主体利益得到有效补偿。

地方各级人民政府应当根据实际需要,加快培育生态产品市场经营开发主体,充分发挥其在整合生态资源、统筹实施生态保护、提供专业技术支撑、推进生态产品供需对接等方面的优势和作用。

第二十四条 国家鼓励、引导社会资金建立市场化运作的生态保护补偿基金,依法有序参与生态保护补偿。

第五章 保障和监督管理

第二十五条 政府及其有关部门应当按照规定及时下达和核拨生态保护补偿资金,确保补偿资金落实到位。

政府及其有关部门应当加强对资金用途的监督管理,按照规定实施生态保护补偿资金预算绩效管理,完善生态保护责任落实的激励约束机制。

第二十六条 国家推进自然资源统一确权登记,完善生态保护补偿监测支撑体系,建立生态保护补偿统计体系,完善生态保护补偿标准体系,为生态保护补偿工作提供技术支撑。

第二十七条 国家完善与生态保护补偿相配套的财政、金融等政策措施,发挥财政税收政策调节功能,完善绿色金融体系。

第二十八条　国家建立健全统一的绿色产品标准、认证、标识体系,推进绿色产品市场建设,实施政府绿色采购政策,建立绿色采购引导机制。

第二十九条　政府和有关部门应当通过多种形式,加强对生态保护补偿政策和实施效果的宣传,为生态保护补偿工作营造良好社会氛围。

第三十条　政府和有关部门应当依法及时公开生态保护补偿工作情况,接受社会监督和舆论监督。

审计机关对生态保护补偿资金的管理使用情况依法进行审计监督。

第三十一条　截留、占用、挪用、拖欠或者未按照规定使用生态保护补偿资金的,政府和有关主管部门应当责令改正;逾期未改正的,可以缓拨、减拨、停拨或者追回生态保护补偿资金。

以虚假手段骗取生态保护补偿资金的,由政府和有关主管部门依法依规处理、处罚;构成犯罪的,依法追究刑事责任。

第三十二条　政府和有关部门及其工作人员在生态保护补偿工作中有失职、渎职行为的,依法依规追究责任。

第六章　附　　则

第三十三条　本条例自 2024 年 6 月 1 日起施行。

国际邮轮在中华人民共和国港口靠港补给的规定

(2024年3月22日国务院第29次常务会议通过 2024年4月22日中华人民共和国国务院令第780号公布 自2024年6月1日起施行)

第一条 为了提升国际邮轮在中华人民共和国港口靠港补给便利化水平,推动邮轮经济高质量发展,制定本规定。

第二条 本规定所称国际邮轮,是指航行国际航线的外国籍邮轮和中华人民共和国国籍邮轮。

国际邮轮在停靠中华人民共和国港口期间获得其运营所需的物资及相关服务的活动,适用本规定。

第三条 国家建立健全适应国际邮轮靠港补给的制度规范,鼓励国际邮轮在中华人民共和国港口靠港补给,保护国际邮轮经营者、靠港补给物资及相关服务提供者的合法权益,营造稳定公平透明可预期的营商环境。

第四条 国务院有关部门和有关县级以上地方人民政府应当贯彻落实党和国家路线方针政策、决策部署,坚持总体国家安全观,加强国际邮轮靠港补给工作的信息共享、协同配合、服务保障。

国务院发展改革、交通运输主管部门和有关沿海省、自治区、直辖市人民政府根据全国港口布局,推进国际邮轮靠港补给配套设施建设,拓展服务功能,提升服务能力。

海关总署会同国务院有关部门创新管理模式,提升电子化、智能化、标准化水平,优化通关流程,提高通关效率,降低通关成本。

国务院工业和信息化、公安、财政、商务、文化和旅游、应急管理、税务、市场监督管理、烟草专卖、移民管理等主管部门在各自职责范围内做好相关工作,根据需要制定国际邮轮靠港补给便利化政策措施。

国际邮轮停靠港口所在地省、自治区、直辖市人民政府加强对靠港补给工作的组织领导,在征求港口所在地城市人民政府意见的基础上制定本地区补给便利化政策措施,支持、督促所属部门、单位履行职责。

第五条 国务院有关部门和有关县级以上地方人民政府结合实际情况,综合运用大数据、人工智能等技术手段对靠港补给物资实行分类管理,完善不同种类物资的通关、仓储等管理措施,推动国际邮轮物资供应保障中心建设。

第六条 船舶供油企业应当依照国家有关规定开展保税油供应业务,提升保障供应能力,为靠港补给的国际邮轮提供便捷、高效的服务。

第七条 港口经营人、岸电供电企业、国际邮轮经营者建立健全协作机制,完善岸电供受电设施管理、使用、维护保养制度和操作规程等,确保靠港补给的国际邮轮依照有关规定安全规范使用岸电。

第八条 国际邮轮靠港补给物资及相关服务提供者依照有关法律法规规定和合同约定,供应国际邮轮运营所需的食品、日常生活用品、药品、医疗器械、应急救援物资、船舶备件等物资,提供相关服务。

国际邮轮靠港补给物资属于国家限制出境的,或者超出国际邮轮自用数量的,依照中华人民共和国出口货物的有关规定办理海关手续;属于国家禁止出境的,不得提供补给。

国际邮轮起卸的物资属于国家限制进境的,依照中华人民共和国进口货物的有关规定办理海关手续;属于国家禁止进境的,不得起卸至中华人民共和国境内。

第九条 国际邮轮需要自中华人民共和国境内采购的药品、医疗器械,由具备药品、医疗器械经营资质的企业供应。

国际邮轮需要采购的药品属于国家实行出口许可管理的,依照有关法律、行政法规的规定向有关主管部门提出申请。有关主管部门应当及时对申请进行审查,作出准予或者不予许可的决定并告知申请人。

第十条　国际邮轮需要自中华人民共和国境内采购的免税烟草制品,由具备免税烟草制品经营资质的企业供应。免税烟草制品经营企业应当依照国家有关规定,供应国际邮轮工作人员和旅客在国际邮轮上自用且数量合理的免税烟草制品。

第十一条　国际邮轮停靠港口所在地省、自治区、直辖市人民政府在征求港口所在地城市人民政府意见的基础上,制定国际邮轮靠港补给常用低危物资清单,明确允许在本行政区域内港口补给与国际邮轮运营相关的常用低危物资种类和数量。

常用低危物资的运输、仓储、补给服务提供者应当建立健全与相关物资危险程度相适应的安全管理制度。

第十二条　境内物资供应国际邮轮的,可以按照一般贸易方式出口或者作为进出境运输工具物料出口,并依照国家有关规定办理出口退税。

海关对前款规定的按照一般贸易方式出口的物资明确相应的监管要求,强化风险管理;靠港补给物资及相关服务提供者可以通过国际贸易"单一窗口"办理通关手续。

第十三条　国际邮轮靠港补给所需物资,可以依照海关有关规定集中存放在海关特殊监管区域或者保税场所内。海关应当为相关物资仓储、分拨、转运、配送、装卸等提供便利条件。

第十四条　除国家另有规定外,国际邮轮靠港补给境外物资的,不实行关税配额、许可证管理。

除国家另有规定外,国际邮轮靠港补给境外物资的,同一集装箱可以在指定区域到港拆箱、换装、分拆、集拼后离港,具体办法由海关总署制定。

第十五条　国际邮轮经营者、靠港补给物资及相关服务提供者不得危害中国国家安全、损害社会公共利益,在靠港补给活动中应当遵守中国法律法规；违反本规定的，依法追究法律责任。

违反本规定，侵犯国际邮轮经营者、靠港补给物资及相关服务提供者合法权益的，依法承担法律责任。

政府及其有关部门的工作人员违反本规定，在履行相关职责中有玩忽职守、滥用职权、徇私舞弊行为的，依法依规追究责任。

第十六条 本规定自 2024 年 6 月 1 日起施行。

国务院文件

国务院关于加强监管防范风险推动资本市场高质量发展的若干意见

（2024年4月4日　国发〔2024〕10号）

党的十八大以来，我国资本市场快速发展，在促进资源优化配置、推动经济快速发展和社会长期稳定、支持科技创新等方面发挥了重要作用。为深入贯彻中央金融工作会议精神，进一步推动资本市场高质量发展，现提出以下意见。

一、总体要求

以习近平新时代中国特色社会主义思想为指导，全面贯彻党的二十大和二十届二中全会精神，贯彻新发展理念，紧紧围绕打造安全、规范、透明、开放、有活力、有韧性的资本市场，坚持把资本市场的一般规律同中国国情市情相结合，坚守资本市场工作的政治性、人民性，以强监管、防风险、促高质量发展为主线，以完善资本市场基础制度为重点，更好发挥资本市场功能作用，推进金融强国建设，服务中国式现代化大局。

深刻把握资本市场高质量发展的主要内涵，在服务国家重大战略和推动经济社会高质量发展中实现资本市场稳定健康发展。必须坚持和加强党的领导，充分发挥党的政治优势、组织优势、制度优势，确保资本市场始终保持正确的发展方向；必须始终践行金融为民的理念，突出以人民为中心的价值取向，更加有效保护投资者特别是中小投资者合法权益，助力更好满足人民群众日益增长的财富管理需求；必须全面加强监管、有效防范化解风险，稳为基调、严字当头,确保监管"长牙带刺"、有棱有角;必须始终坚持市场化法治化原则,突出目标导向、问题导向,进一步全面深化资本市场改革,统筹好开放和安全;必须牢牢把握高质量发展的主题,守正创新,更加有力服务国民经济重点领域和现代化产业体系建设。

未来5年,基本形成资本市场高质量发展的总体框架。投资者保护的制度机制更加完善。上市公司质量和结构明显优化,证券基金期货机构实力和服务能力持续增强。资本市场监管能力和有效性大幅提高。资本市场良好生态加快形成。到2035年,基本建成具有高度适应性、竞争力、普惠性的资本市场,投资者合法权益得到更加有效的保护。投融资结构趋于合理,上市公司质量显著提高,一流投资银行和投资机构建设取得明显进展。资本市场监管体制机制更加完备。到本世纪中叶,资本市场治理体系和治理能力现代化水平进一步提高,建成与金融强国相匹配的高质量资本市场。

二、严把发行上市准入关

进一步完善发行上市制度。提高主板、创业板上市标准,完善科创板科创属性评价标准。提高发行上市辅导质效,扩大对在审企业及相关中介机构现场检查覆盖面。明确上市时要披露分红政策。将上市前突击"清仓式"分红等情形纳入发行上市负面清单。从严监管分拆上市。严格再融资审核把关。

强化发行上市全链条责任。进一步压实交易所审核主体责任,完善股票上市委员会组建方式和运行机制,加强对委员履职的全过程监督。建立审核回溯问责追责机制。进一步压实发行人第一责任和中介机构"看门人"责任,建立中介机构"黑名单"制度。坚持"申报即担责",严查欺诈发行等违法违规问题。

加大发行承销监管力度。强化新股发行询价定价配售各环节监管,整治高价超募、抱团压价等市场乱象。从严加强募投项目信息披露监管。依法规范和引导资本健康发展,加强穿透式监管和监管协同,严厉打击违规代持、以异常价格突击入股、利益输送等行为。

三、严格上市公司持续监管

加强信息披露和公司治理监管。构建资本市场防假打假综合惩防体系,严肃整治财务造假、资金占用等重点领域违法违规行为。督促上市公司完善内控体系。切实发挥独立董事监督作用,强化履职保障约束。

全面完善减持规则体系。出台上市公司减持管理办法,对不同类型股东分类施策。严格规范大股东尤其是控股股东、实际控制人减持,按照实质重于形式的原则坚决防范各类绕道减持。责令违规主体购回违规减持股份并上缴价差。严厉打击各类违规减持。

强化上市公司现金分红监管。对多年未分红或分红比例偏低的公司,限制大股东减持、实施风险警示。加大对分红优质公司的激励力度,多措并举推动提高股息率。增强分红稳定性、持续性和可预期性,推动一年多次分红、预分红、春节前分红。

推动上市公司提升投资价值。制定上市公司市值管理指引。研究将上市公司市值管理纳入企业内外部考核评价体系。引导上市公司回购股份后依法注销。鼓励上市公司聚焦主业,综合运用并购重组、股权激励等方式提高发展质量。依法从严打击以市值管理为名的操纵市场、内幕交易等违法违规行为。

四、加大退市监管力度

深化退市制度改革,加快形成应退尽退、及时出清的常态化退市格局。进一步严格强制退市标准。建立健全不同板块差异化的退市标准体系。科学设置重大违法退市适用范围。收紧财务类退市指标。完善市值标准等交易类退市指标。加大规范类退市实施力度。进一步畅通多元退市渠道。完善吸收合并等政策规定,鼓励引导头部公司立足主业加大对产业链上市公司的整合力度。进一步削减"壳"资源价值。加强并购重组监管,强化主业相关性,严把注入资产质量关,加大对"借壳上市"的监管力度,精准打击各类违规"保壳"行为。进一步强化退市监管。严格退市执行,严厉打击财务造假、操纵市场等恶意规避退市的违法行为。健全退市过程中的投资者赔偿救济机制,对重大违法退市负有责任的控股股东、实际控制人、董事、高管等要依法赔偿投资者损失。

五、加强证券基金机构监管,推动行业回归本源、做优做强

推动证券基金机构高质量发展。引导行业机构树立正确经营理念,处理好功能性和盈利性关系。加强行业机构股东、业务准入管理,完善高管人员任职条件与备案管理制度。完善对衍生品、融资融券等重点业务的监管制度。推动行业机构加强投行能力和财富管理能力建设。支持头部机构通过并购重组、组织创新等方式提升核心竞争力,鼓励中小机构差异化发展、特色化经营。

积极培育良好的行业文化和投资文化。完善与经营绩效、业务性质、贡献水平、合规风控、社会文化相适应的证券基金行业薪酬管理制度。持续开展行业文化综合治理,建立健全从业人员分类名单制度和执业声誉管理机制,坚决纠治拜金主义、奢靡享乐、急功近利、"炫富"等不良风气。

六、加强交易监管,增强资本市场内在稳定性

促进市场平稳运行。强化股市风险综合研判。加强战略性力量储备和稳定机制建设。集中整治私募基金领域突出风险隐患。完善市场化法治化多元化的债券违约风险处置机制,坚决打击逃废债行为。探索适应中国发展阶段的期货监管制度和业务模式。做好跨市场跨行业跨境风险监测应对。

加强交易监管。完善对异常交易、操纵市场的监管标准。出台程序化交易监管规定,加强对高频量化交易监管。制定私募证券基金运作规则。强化底线思维,完善极端情形的应对措施。严肃查处操纵市场恶意做空等违法违规行为,强化震慑警示。

健全预期管理机制。将重大经济或非经济政策对资本市场的影响评估内容纳入宏观政策取向一致性评估框架,建立重大政策信息发布协调机制。

七、大力推动中长期资金入市,持续壮大长期投资力量

建立培育长期投资的市场生态,完善适配长期投资的基础制度,构建支持"长钱长投"的政策体系。大力发展权益类公募基金,大幅提升权益类基金占比。建立交易型开放式指数基金(ETF)快速审批通道,推动指数化投资发展。全面加强基金公司投研能力建设,丰富公募基金可投资产类别和投资组合,从规模导向向投资者回报导向转变。稳步降低公募基金行业综合费率,研究规范基金经理薪酬制度。修订基金管理人分类评价制度,督促树牢理性投资、价值投资、长期投资理念。支持私募证券投资基金和私募资管业务稳健发展,提升投资行为稳定性。

优化保险资金权益投资政策环境,落实并完善国有保险公司绩效评价办法,更好鼓励开展长期权益投资。完善保险资金权益投资监管制度,优化上市保险公司信息披露要求。完善全国社会保障基金、基本养老保险基金投资政策。提升企业年金、个人养老金投资灵活度。鼓励银行理财和信托资金积极参与资本市场,提升权益投资规模。

八、进一步全面深化改革开放,更好服务高质量发展

着力做好科技金融、绿色金融、普惠金融、养老金融、数字金融五篇大文章。推动股票发行注册制走深走实,增强资本市场制度竞争力,提升对新产业新业态新技术的包容性,更好服务科技创新、绿色发展、国资国企改革等国家战略实施和中小企业、民营企业发展壮大,促进新质生产力发展。加大对符合国家产业政策导向、突破关键核心技术企业的股债融资支持。加大并购重组改革力度,多措并举活跃并购重组市场。健全上市公司可持续信息披露制度。

完善多层次资本市场体系。坚持主板、科创板、创业板和北交所错位发展,深化新三板改革,促进区域性股权市场规范发展。进一步畅通"募投管退"循环,发挥好创业投资、私募股权投资支持科技创新作用。推动债券和不动产投资信托基金(REITs)市场高质量发展。稳慎有序发展期货和衍生品市场。

坚持统筹资本市场高水平制度型开放和安全。拓展优化资本市场跨境互联互通机制。拓宽企业境外上市融资渠道，提升境外上市备案管理质效。加强开放条件下的监管能力建设。深化国际证券监管合作。

九、推动形成促进资本市场高质量发展的合力

推动加强资本市场法治建设，大幅提升违法违规成本。推动修订证券投资基金法。出台上市公司监督管理条例，修订证券公司监督管理条例，加快制定公司债券管理条例，研究制定不动产投资信托基金管理条例。推动出台背信损害上市公司利益罪的司法解释、内幕交易和操纵市场等民事赔偿的司法解释，以及打击挪用私募基金资金、背信运用受托财产等犯罪行为的司法文件。

加大对证券期货违法犯罪的联合打击力度。健全线索发现、举报奖励等机制。完善证券执法司法体制机制，提高行政刑事衔接效率。强化行政监管、行政审判、行政检察之间的高效协同。加大行政、民事、刑事立体化追责力度，依法从严查处各类违法违规行为。加大证券纠纷特别代表人诉讼制度适用力度，完善行政执法当事人承诺制度。探索开展检察机关提起证券民事公益诉讼试点。进一步加强资本市场诚信体系建设。

深化央地、部际协调联动。强化宏观政策协同，促进实体经济和产业高质量发展，为资本市场健康发展营造良好的环境。落实并完善上市公司股权激励、中长期资金、私募股权创投基金、不动产投资信托基金等税收政策，健全有利于创新资本形成和活跃市场的财税体系。建立央地和跨部门监管数据信息共享机制。压实地方政府在提高上市公司质量以及化解处置债券违约、私募机构风险等方面的责任。

打造政治过硬、能力过硬、作风过硬的监管铁军。把政治建设放在更加突出位置，深入推进全面从严治党，锻造忠诚干净担当的高素质专业化的资本市场干部人才队伍。坚决破除"例外论"、"精英论"、"特殊论"等错误思想。从严从紧完善离职人员管理,整治"影子股东"、不当入股、政商"旋转门"、"逃逸式辞职"等问题。铲除腐败问题产生的土壤和条件,坚决惩治腐败与风险交织、资本与权力勾连等腐败问题,营造风清气正的政治生态。

(本文有删减)

国务院部门规章

中国人民银行关于修改《支付结算办法》的决定

（2024年2月6日中国人民银行令〔2024〕第1号公布　自公布之日起施行　国司备字〔2024010511〕）

为贯彻落实《国务院关于取消和调整一批罚款事项的决定》（国发〔2023〕20号），进一步优化营商环境，中国人民银行决定对《支付结算办法》（银发〔1997〕393号文印发）作如下修改：

删除第一百二十五条。

删除第一百九十二条第二款。

删除第一百九十七条。

本决定自发布之日起施行。

支付结算办法

（1997年9月19日中国人民银行公布　根据2024年2月6日《中国人民银行关于修改〈支付结算办法〉的决定》修订）

第一章　总　则

第一条　为了规范支付结算行为，保障支付结算活动中当事人的合法权益，加速资金周转和商品流通，促进社会主义市场经济的发展，依据《中华人民共和国票据法》（以下简称《票据法》）和

《票据管理实施办法》以及有关法律、行政法规,制定本办法。

第二条　中华人民共和国境内人民币的支付结算适用本办法,但中国人民银行另有规定的除外。

第三条　本办法所称支付结算是指单位、个人在社会经济活动中使用票据、信用卡和汇兑、托收承付、委托收款等结算方式进行货币给付及其资金清算的行为。

第四条　支付结算工作的任务,是根据经济往来组织支付结算,准确、及时、安全办理支付结算,按照有关法律、行政法规和本办法的规定管理支付结算,保障支付结算活动的正常进行。

第五条　银行、城市信用合作社、农村信用合作社(以下简称银行)以及单位和个人(含个体工商户),办理支付结算必须遵守国家的法律、行政法规和本办法的各项规定,不得损害社会公共利益。

第六条　银行是支付结算和资金清算的中介机构。未经中国人民银行批准的非银行金融机构和其他单位不得作为中介机构经营支付结算业务。但法律、行政法规另有规定的除外。

第七条　单位、个人和银行应当按照《银行帐户管理办法》的规定开立、使用帐户。

第八条　在银行开立存款帐户的单位和个人办理支付结算,帐户内须有足够的资金保证支付,本办法另有规定的除外。没有开立存款帐户的个人向银行交付款项后,也可以通过银行办理支付结算。

第九条　票据和结算凭证是办理支付结算的工具。单位、个人和银行办理支付结算,必须使用按中国人民银行统一规定印制的票据凭证和统一规定的结算凭证。

未使用按中国人民银行统一规定印制的票据,票据无效;未使用中国人民银行统一规定格式的结算凭证,银行不予受理。

第十条　单位、个人和银行签发票据、填写结算凭证,应按照本办法和附一《正确填写票据和结算凭证的基本规定》记载,单位和银行的名称应当记载全称或者规范化简称。

　　第十一条　票据和结算凭证上的签章,为签名、盖章或者签名加盖章。单位、银行在票据上的签章和单位在结算凭证上的签章,为该单位、银行的盖章加其法定代表人或其授权的代理人的签名或盖章。个人在票据和结算凭证上的签章,应为该个人本名的签名或盖章。

　　第十二条　票据和结算凭证的金额、出票或签发日期、收款人名称不得更改,更改的票据无效;更改的结算凭证,银行不予受理。对票据和结算凭证上的其他记载事项,原记载人可以更改,更改时应当由原记载人在更改处签章证明。

　　第十三条　票据和结算凭证金额以中文大写和阿拉伯数码同时记载,二者必须一致,二者不一致的票据无效;二者不一致的结算凭证,银行不予受理。少数民族地区和外国驻华使领馆根据实际需要,金额大写可以使用少数民族文字或者外国文字记载。

　　第十四条　票据和结算凭证上的签章和其他记载事项应当真实,不得伪造、变造。

　　票据上有伪造、变造的签章的,不影响票据上其他当事人真实签章的效力。本条所称的伪造是指无权限人假冒他人或虚构人名义签章的行为。签章的变造属于伪造。本条所称的变造是指无权更改票据内容的人,对票据上签章以外的记载事项加以改变的行为。

　　第十五条　办理支付结算需要交验的个人有效身份证件是指居民身份证、军官证、警官证、文职干部证、士兵证、户口簿、护照、港澳台同胞回乡证等符合法律、行政法规以及国家有关规定的身份证件。

　　第十六条　单位、个人和银行办理支付结算必须遵守下列原则:

　　一、恪守信用,履约付款;

　　二、谁的钱进谁的帐,由谁支配;

三、银行不垫款。

第十七条 银行以善意且符合规定和正常操作程序审查,对伪造、变造的票据和结算凭证上的签章以及需要交验的个人有效身份证件,未发现异常而支付金额的,对出票人或付款人不再承担受委托付款的责任,对持票人或收款人不再承担付款的责任。

第十八条 依法背书转让的票据,任何单位和个人不得冻结票据款项。但是法律另有规定的除外。

第十九条 银行依法为单位、个人在银行开立的基本存款帐户、一般存款帐户、专用存款帐户和临时存款帐户的存款保密,维护其资金的自主支配权。对单位、个人在银行开立上述存款帐户的存款,除国家法律、行政法规另有规定外,银行不得为任何单位或者个人查询;除国家法律另有规定外,银行不代任何单位或者个人冻结、扣款,不得停止单位、个人存款的正常支付。

第二十条 支付结算实行集中统一和分级管理相结合的管理体制。中国人民银行总行负责制定统一的支付结算制度,组织、协调、管理、监督全国的支付结算工作,调解、处理银行之间的支付结算纠纷。中国人民银行省、自治区、直辖市分行根据统一的支付结算制度制定实施细则,报总行备案;根据需要可以制定单项支付结算办法,报经中国人民银行总行批准后执行。中国人民银行分、支行负责组织、协调、管理、监督本辖区的支付结算工作,调解、处理本辖区银行之间的支付结算纠纷。政策性银行、商业银行总行可以根据统一的支付结算制度,结合本行情况,制定具体管理实施办法,报经中国人民银行总行批准后执行。政策性银行、商业银行负责组织、管理、协调本行内的支付结算工作,调解、处理本行内分支机构之间的支付结算纠纷。

第二章 票 据

第一节 基本规定

第二十一条 本办法所称票据,是指银行汇票、商业汇票、银行本票和支票。

第二十二条 票据的签发、取得和转让,必须具有真实的交易关系和债权债务关系。票据的取得,必须给付对价。但因税收、继承、赠与可以依法无偿取得票据的,不受给付对价的限制。

第二十三条 银行汇票的出票人在票据上的签章,应为经中国人民银行批准使用的该银行汇票专用章加其法定代表人或其授权经办人的签名或者盖章。银行承兑商业汇票、办理商业汇票转贴现、再贴现时的签章,应为经中国人民银行批准使用的该银行汇票专用章加其法定代表人或其授权经办人的签名或者盖章。银行本票的出票人在票据上的签章,应为经中国人民银行批准使用的该银行本票专用章加其法定代表人或其授权经办人的签名或者盖章。单位在票据上的签章,应为该单位的财务专用章或者公章加其法定代表人或其授权的代理人的签名或者盖章。个人在票据上的签章,应为该个人的签名或者盖章。支票的出票人和商业承兑汇票的承兑人在票据上的签章,应为其预留银行的签章。

第二十四条 出票人在票据上的签章不符合《票据法》、《票据管理实施办法》和本办法规定的,票据无效;承兑人、保证人在票据上的签章不符合《票据法》、《票据管理实施办法》和本办法规定的,其签章无效,但不影响其他符合规定签章的效力;背书人在票据上的签章不符合《票据法》、《票据管理实施办法》和本办法规定的,其签章无效,但不影响其前手符合规定签章的效力。

第二十五条 出票人在票据上的记载事项必须符合《票据法》、《票据管理实施办法》和本办法的规定。票据上可以记载《票据法》和本办法规定事项以外的其他出票事项，但是该记载事项不具有票据上的效力，银行不负审查责任。

第二十六条　区域性银行汇票仅限于出票人向本区域内的收款人出票，银行本票和支票仅限于出票人向其票据交换区域内的收款人出票。

第二十七条　票据可以背书转让，但填明"现金"字样的银行汇票、银行本票和用于支取现金的支票不得背书转让。区域性银行汇票仅限于在本区域内背书转让。银行本票、支票仅限于在其票据交换区域内背书转让。

第二十八条　区域性银行汇票和银行本票、支票出票人向规定区域以外的收款人出票的，背书人向规定区域以外的被背书人转让票据的，区域外的银行不予受理，但出票人、背书人仍应承担票据责任。

第二十九条　票据背书转让时，由背书人在票据背面签章、记载被背书人名称和背书日期。背书未记载日期的，视为在票据到期日前背书。持票人委托银行收款或以票据质押的，除按上款规定记载背书外，还应在背书人栏记载"委托收款"或"质押"字样。

第三十条　票据出票人在票据正面记载"不得转让"字样的，票据不得转让；其直接后手再背书转让的，出票人对其直接后手的被背书人不承担保证责任，对被背书人提示付款或委托收款的票据，银行不予受理。票据背书人在票据背面背书人栏记载"不得转让"字样的，其后手再背书转让的，记载"不得转让"字样的背书人对其后手的被背书人不承担保证责任。

第三十一条　票据被拒绝承兑、拒绝付款或者超过付款提示期限的，不得背书转让。背书转让的，背书人应当承担票据责任。

第三十二条　背书不得附有条件。背书附有条件的，所附条件不具有票据上的效力。

第三十三条　以背书转让的票据，背书应当连续。持票人以背书的连续，证明其票据权利。非经背书转让，而以其他合法方式取得票据的,依法举证,证明其票据权利。背书连续,是指票据第一次背书转让的背书人是票据上记载的收款人,前次背书转让的被背书人是后一次背书转让的背书人,依次前后衔接,最后一次背书转让的被背书人是票据的最后持票人。

第三十四条 票据的背书人应当在票据背面的背书栏依次背书。背书栏不敷背书的,可以使用统一格式的粘单,粘附于票据凭证上规定的粘接处。粘单上的第一记载人,应当在票据和粘单的粘接处签章。

第三十五条 银行汇票、商业汇票和银行本票的债务可以依法由保证人承担保证责任。保证人必须按照《票据法》的规定在票据上记载保证事项。保证人为出票人、承兑人保证的,应将保证事项记载在票据的正面;保证人为背书人保证的,应将保证事项记载在票据的背面或粘单上。

第三十六条 商业汇票的持票人超过规定期限提示付款的,丧失对其前手的追索权,持票人在作出说明后,仍可以向承兑人请求付款。银行汇票、银行本票的持票人超过规定期限提示付款的,丧失对出票人以外的前手的追索权,持票人在作出说明后,仍可以向出票人请求付款。支票的持票人超过规定的期限提示付款的,丧失对出票人以外的前手的追索权。

第三十七条 通过委托收款银行或者通过票据交换系统向付款人或代理付款人提示付款的,视同持票人提示付款;其提示付款日期以持票人向开户银行提交票据日为准。付款人或代理付款人应于见票当日足额付款。本条所称"代理付款人"是指根据付款人的委托,代理其支付票据金额的银行。

第三十八条 票据债务人对下列情况的持票人可以拒绝付款:

(一)对不履行约定义务的与自己有直接债权债务关系的持票人;

(二)以欺诈、偷盗或者胁迫等手段取得票据的持票人;

（三）对明知有欺诈、偷盗或者胁迫等情形，出于恶意取得票据的持票人；

（四）明知债务人与出票人或者持票人的前手之间存在抗辩事由而取得票据的持票人；

（五）因重大过失取得不符合《票据法》规定的票据的持票人；

（六）对取得背书不连续票据的持票人；

（七）符合《票据法》规定的其他抗辩事由。

第三十九条 票据债务人对下列情况不得拒绝付款：

（一）与出票人之间有抗辩事由；

（二）与持票人的前手之间有抗辩事由。

第四十条 票据到期被拒绝付款或者在到期前被拒绝承兑，承兑人或付款人死亡、逃匿的，承兑人或付款人被依法宣告破产的或者因违法被责令终止业务活动的，持票人可以对背书人、出票人以及票据的其他债务人行使追索权。持票人行使追索权，应当提供被拒绝承兑或者被拒绝付款的拒绝证明或者退票理由书以及其他有关证明。

第四十一条 本办法所称"拒绝证明"应当包括下列事项：

（一）被拒绝承兑、付款的票据种类及其主要记载事项；

（二）拒绝承兑、付款的事实依据和法律依据；

（三）拒绝承兑、付款的时间；

（四）拒绝承兑人、拒绝付款人的签章。

第四十二条 本办法所称退票理由书应当包括下列事项：

（一）所退票据的种类；

（二）退票的事实依据和法律依据；

（三）退票时间；

（四）退票人签章。

第四十三条 本办法所称的其他证明是指：

（一）医院或者有关单位出具的承兑人、付款人死亡证明；

（二）司法机关出具的承兑人、付款人逃匿的证明；

(三)公证机关出具的具有拒绝证明效力的文书。

第四十四条 持票人应当自收到被拒绝承兑或者被拒绝付款的有关证明之日起3日内,将被拒绝事由书面通知其前手;其前手应当自收到通知之日起3日内书面通知其再前手。持票人也可以同时向各票据债务人发出书面通知。未按照前款规定期限通知的,持票人仍可以行使追索权。

第四十五条 持票人可以不按照票据债务人的先后顺序,对其中任何一人、数人或者全体行使追索权。持票人对票据债务人中的一人或者数人已经进行追索的,对其他票据债务人仍可以行使追索权。被追索人清偿债务后,与持票人享有同一权利。

第四十六条 持票人行使追索权,可以请求被追索人支付下列金额和费用:

(一)被拒绝付款的票据金额;

(二)票据金额自到期日或者提示付款日起至清偿日止按照中国人民银行规定的同档次流动资金贷款利率计算的利息。

(三)取得有关拒绝证明和发出通知书的费用。被追索人清偿债务时,持票人应当交出票据和有关拒绝证明,并出具所收到利息和费用的收据。

第四十七条 被追索人依照前条规定清偿后,可以向其他票据债务人行使再追索权,请求其他票据债务人支付下列金额和费用:

(一)已清偿的全部金额;

(二)前项金额自清偿日起至再追索清偿日止,按照中国人民银行规定的同档次流动资金贷款利率计算的利息;

(三)发出通知书的费用。行使再追索权的被追索人获得清偿时,应当交出票据和有关拒绝证明,并出具所收到利息和费用的收据。

第四十八条 已承兑的商业汇票、支票、填明"现金"字样和代理付款人的银行汇票以及填明"现金"字样的银行本票丧失,可以由失票人通知付款人或者代理付款人挂失止付。未填明"现金"字样和代理付款人的银行汇票以及未填明"现金"字样的银行本票丧失,不得挂失止付。

第四十九条 允许挂失止付的票据丧失,失票人需要挂失止付的,应填写挂失止付通知书并签章。挂失止付通知书应当记载下列事项:

(一)票据丧失的时间、地点、原因;

(二)票据的种类、号码、金额、出票日期、付款日期、付款人名称、收款人名称;

(三)挂失止付人的姓名、营业场所或者住所以及联系方法。

欠缺上述记载事项之一的,银行不予受理。

第五十条 付款人或者代理付款人收到挂失止付通知书后,查明挂失票据确未付款时,应立即暂停支付。付款人或者代理付款人自收到挂失止付通知书之日起 12 日内没有收到人民法院的止付通知书的,自第 13 日起,持票人提示付款并依法向持票人付款的,不再承担责任。

第五十一条 付款人或者代理付款人在收到挂失止付通知书之前,已经向持票人付款的,不再承担责任。但是,付款人或者代理付款人以恶意或者重大过失付款的除外。

第五十二条 银行汇票的付款地为代理付款人或出票人所在地,银行本票的付款地为出票人所在地,商业汇票的付款地为承兑人所在地,支票的付款地为付款人所在地。

第二节 银行汇票

第五十三条 银行汇票是出票银行签发的,由其在见票时按照实际结算金额无条件支付给收款人或者持票人的票据。银行汇票的出票银行为银行汇票的付款人。

第五十四条 单位和个人各种款项结算,均可使用银行汇票。银行汇票可以用于转帐,填明"现金"字样的银行汇票也可以用于支取现金。

第五十五条 银行汇票的出票和付款,全国范围限于中国人民银行和各商业银行参加"全国联行往来"的银行机构办理。跨系统银行签发的转帐银行汇票的付款,应通过同城票据交换将银行汇票和解讫通知提交给同城的有关银行审核支付后抵用。代理付款人不得受理未在本行开立存款帐户的持票人为单位直接提交的银行汇票。省、自治区、直辖市内和跨省、市的经济区域内银行汇票的出票和付款,按照有关规定办理。银行汇票的代理付款人是代理本系统出票银行或跨系统签约银行审核支付汇票款项的银行。

第五十六条 签发银行汇票必须记载下列事项:
(一)表明"银行汇票"的字样;
(二)无条件支付的承诺;
(三)出票金额;
(四)付款人名称;
(五)收款人名称;
(六)出票日期;
(七)出票人签章。
欠缺记载上列事项之一的,银行汇票无效。

第五十七条 银行汇票的提示付款期限自出票日起1个月。持票人超过付款期限提示付款的,代理付款人不予受理。

第五十八条 申请人使用银行汇票,应向出票银行填写"银行汇票申请书",填明收款人名称、汇票金额、申请人名称、申请日期等事项并签章,签章为其预留银行的签章。申请人和收款人均为个人,需要使用银行汇票向代理付款人支取现金的,申请人须在"银行汇票申请书"上填明代理付款人名称,在"汇票金额"栏先填写"现金"字样,后填写汇票金额。申请人或者收款人为单位的,不得在"银行汇票申请书"上填明"现金"字样。

第五十九条 出票银行受理银行汇票申请书,收妥款项后签发银行汇票,并用压数机压印出票金额,将银行汇票和解讫通知一并交给申请人。签发转帐银行汇票,不得填写代理付款人名称,但由人民银行代理兑付银行汇票的商业银行,向设有分支机构地区签发转帐银行汇票的除外。签发现金银行汇票,申请人和收款人必须均为个人,收妥申请人交存的现金后,在银行汇票"出票金额"栏先填写"现金"字样,后填写出票金额,并填写代理付款人名称。申请人或者收款人为单位的,银行不得为其签发现金银行汇票。

第六十条 申请人应将银行汇票和解讫通知一并交付给汇票上记明的收款人。收款人受理银行汇票时,应审查下列事项:

(一)银行汇票和解讫通知是否齐全、汇票号码和记载的内容是否一致;

(二)收款人是否确为本单位或本人;

(三)银行汇票是否在提示付款期限内;

(四)必须记载的事项是否齐全;

(五)出票人签章是否符合规定,是否有压数机压印的出票金额,并与大写出票金额一致;

(六)出票金额、出票日期、收款人名称是否更改,更改的其他记载事项是否由原记载人签章证明。

第六十一条 收款人受理申请人交付的银行汇票时,应在出票金额以内,根据实际需要的款项办理结算,并将实际结算金额和多余金额准确、清晰地填入银行汇票和解讫通知的有关栏内。未填明实际结算金额和多余金额或实际结算金额超过出票金额的,银行不予受理。

第六十二条 银行汇票的实际结算金额不得更改,更改实际结算金额的银行汇票无效。

第六十三条 收款人可以将银行汇票背书转让给被背书人。银行汇票的背书转让以不超过出票金额的实际结算金额为准。未填写实际结算金额或实际结算金额超过出票金额的银行汇票不得背书转让。

第六十四条　被背书人受理银行汇票时,除按照第六十条的规定审查外,还应审查下列事项:

(一)银行汇票是否记载实际结算金额,有无更改,其金额是否超过出票金额;

(二)背书是否连续,背书人签章是否符合规定,背书使用粘单的是否按规定签章;

(三)背书人为个人的身份证件。

第六十五条　持票人向银行提示付款时,必须同时提交银行汇票和解讫通知,缺少任何一联,银行不予受理。

第六十六条　在银行开立存款帐户的持票人向开户银行提示付款时,应在汇票背面"持票人向银行提示付款签章"处签章,签章须与预留银行签章相同,并将银行汇票和解讫通知、进帐单送交开户银行。银行审查无误后办理转帐。

第六十七条　未在银行开立存款帐户的个人持票人,可以向选择的任何一家银行机构提示付款。提示付款时,应在汇票背面"持票人向银行提示付款签章"处签章,并填明本人身份证件名称、号码及发证机关,由其本人向银行提交身份证件及其复印件。银行审核无误后,将其身份证件复印件留存备查,并以持票人的姓名开立应解汇款及临时存款帐户,该帐户只付不收,付完清户,不计付利息。转帐支付的,应由原持票人向银行填制支款凭证,并由本人交验其身份证件办理支付款项。该帐户的款项只能转入单位或个体工商户的存款帐户,严禁转入储蓄和信用卡帐户。支取现金的,银行汇票上必须有出票银行按规定填明的"现金"字样,才能办理。未填明"现金"字样,需要支取现金的,由银行按照国家现金管理规定审查支付。持票人对填明"现金"字样的银行汇票,需要委托他人向银行提示付款的,应在银行汇票背面背书栏签章,记载"委托收款"字样、被委托人姓名和背书日期以及委托人身份证件名称、号码、发证机关。被委托人向银行提示付款时,也应在银行汇票背面"持票人向银行提示付款签章"处签章,记载证件名称、号码及发证机关,并同时向银行交验委托人和被委托人的身份证件及其复印件。

第六十八条 银行汇票的实际结算金额低于出票金额的,其多余金额由出票银行退交申请人。

第六十九条 持票人超过期限向代理付款银行提示付款不获付款的,须在票据权利时效内向出票银行作出说明,并提供本人身份证件或单位证明,持银行汇票和解讫通知向出票银行请求付款。

第七十条 申请人因银行汇票超过付款提示期限或其他原因要求退款时,应将银行汇票和解讫通知同时提交到出票银行。申请人为单位的,应出具该单位的证明;申请人为个人的,应出具该本人的身份证件。对于代理付款银行查询的该张银行汇票,应在汇票提示付款期满后方能办理退款。出票银行对于转帐银行汇票的退款,只能转入原申请人帐户;对于符合规定填明"现金"字样银行汇票的退款,才能退付现金。申请人缺少解讫通知要求退款的,出票银行应于银行汇票提示付款期满一个月后办理。

第七十一条 银行汇票丧失,失票人可以凭人民法院出具的其享有票据权利的证明,向出票银行请求付款或退款。

第三节 商业汇票

第七十二条 商业汇票是出票人签发的,委托付款人在指定日期无条件支付确定的金额给收款人或者持票人的票据。

第七十三条 商业汇票分为商业承兑汇票和银行承兑汇票。商业承兑汇票由银行以外的付款人承兑。银行承兑汇票由银行承兑。商业汇票的付款人为承兑人。

第七十四条 在银行开立存款帐户的法人以及其他组织之间,必须具有真实的交易关系或债权债务关系,才能使用商业汇票。

第七十五条 商业承兑汇票的出票人,为在银行开立存款帐户的法人以及其他组织,与付款人具有真实的委托付款关系,具有支付汇票金额的可靠资金来源。

第七十六条　银行承兑汇票的出票人必须具备下列条件：

（一）在承兑银行开立存款帐户的法人以及其他组织；

（二）与承兑银行具有真实的委托付款关系；

（三）资信状况良好,具有支付汇票金额的可靠资金来源

第七十七条　出票人不得签发无对价的商业汇票用以骗取银行或者其他票据当事人的资金。

第七十八条　签发商业汇票必须记载下列事项：

（一）表明"商业承兑汇票"或"银行承兑汇票"的字样；

（二）无条件支付的委托；

（三）确定的金额；

（四）付款人名称；

（五）收款人名称；

（六）出票日期；

（七）出票人签章。欠缺记载上列事项之一的,商业汇票无效。

第七十九条　商业承兑汇票可以由付款人签发并承兑,也可以由收款人签发交由付款人承兑。银行承兑汇票应由在承兑银行开立存款帐户的存款人签发。

第八十条　商业汇票可以在出票时向付款人提示承兑后使用,也可以在出票后先使用再向付款人提示承兑。定日付款或者出票后定期付款的商业汇票,持票人应当在汇票到期日前向付款人提示承兑。见票后定期付款的汇票,持票人应当自出票日起1个月内向付款人提示承兑。汇票未按照规定期限提示承兑的,持票人丧失对其前手的追索权。

第八十一条　商业汇票的付款人接到出票人或持票人向其提示承兑的汇票时,应当向出票人或持票人签发收到汇票的回单,记明汇票提示承兑日期并签章。付款人应当在自收到提示承兑的汇票之日起3日内承兑或者拒绝承兑。付款人拒绝承兑的,必须出具拒绝承兑的证明。

第八十二条 商业汇票的承兑银行,必须具备下列条件:
(一)与出票人具有真实的委托付款关系;
(二)具有支付汇票金额的可靠资金;
(三)内部管理完善,经其法人授权的银行审定。

第八十三条 银行承兑汇票的出票人或持票人向银行提示承兑时,银行的信贷部门负责按照有关规定和审批程序,对出票人的资格、资信、购销合同和汇票记载的内容进行认真审查,必要时可由出票人提供担保。符合规定和承兑条件的,与出票人签订承兑协议。

第八十四条 付款人承兑商业汇票,应当在汇票正面记载"承兑"字样和承兑日期并签章。

第八十五条 付款人承兑商业汇票,不得附有条件;承兑附有条件的,视为拒绝承兑。

第八十六条 银行承兑汇票的承兑银行,应按票面金额向出票人收取万分之五的手续费。

第八十七条 商业汇票的付款期限,最长不得超过6个月。定日付款的汇票付款期限自出票日起计算,并在汇票上记载具体的到期日。出票后定期付款的汇票付款期限自出票日起按月计算,并在汇票上记载。见票后定期付款的汇票付款期限自承兑或拒绝承兑日起按月计算,并在汇票上记载。

第八十八条 商业汇票的提示付款期限,自汇票到期日起10日。持票人应在提示付款期限内通过开户银行委托收款或直接向付款人提示付款。对异地委托收款的,持票人可匡算邮程,提前通过开户银行委托收款。持票人超过提示付款期限提示付款的,持票人开户银行不予受理。

第八十九条 商业承兑汇票的付款人开户银行收到通过委托收款寄来的商业承兑汇票,将商业承兑汇票留存,并及时通知付款人。

(一)付款人收到开户银行的付款通知,应在当日通知银行付款。付款人在接到通知日的次日起3日内（遇法定休假日顺延，下同）未通知银行付款的，视同付款人承诺付款，银行应于付款人接到通知日的次日起第4日（法定休假日顺延，下同）上午开始营业时，将票款划给持票人。付款人提前收到由其承兑的商业汇票，应通知银行于汇票到期日付款。付款人在接到通知日的次日起3日内未通知银行付款，付款人接到通知日的次日起第4日在汇票到期日之前的，银行应于汇票到期日将票款划给持票人。

（二）银行在办理划款时，付款人存款帐户不足支付的，应填制付款人未付票款通知书，连同商业承兑汇票邮寄持票人开户银行转交持票人。

（三）付款人存在合法抗辩事由拒绝支付的，应自接到通知日的次日起3日内，做成拒绝付款证明送交开户银行，银行将拒绝付款证明和商业承兑汇票邮寄持票人开户银行转交持票人。

第九十条 银行承兑汇票的出票人应于汇票到期前将票款足额交存其开户银行。承兑银行应在汇票到期日或到期日后的见票当日支付票款。承兑银行存在合法抗辩事由拒绝支付的，应自接到商业汇票的次日起3日内，作成拒绝付款证明，连同商业银行承兑汇票邮寄持票人开户银行转交持票人。

第九十一条 银行承兑汇票的出票人于汇票到期日未能足额交存票款时，承兑银行除凭票向持票人无条件付款外，对出票人尚未支付的汇票金额按照每天万分之五计收利息。

第九十二条 商业汇票的持票人向银行办理贴现必须具备下列条件：

（一）在银行开立存款帐户的企业法人以及其他组织；

（二）与出票人或者直接前手之间具有真实的商品交易关系；

（三）提供与其直接前手之间的增值税发票和商品发运单据复印件。

第九十三条 符合条件的商业汇票的持票人可持未到期的商业汇票连同贴现凭证向银行申请贴现。贴现银行可持未到期的商业汇票向其他银行转贴现,也可向中国人民银行申请再贴现。贴现、转贴现、再贴现时,应作成转让背书,并提供贴现申请人与其直接前手之间的增值税发票和商品发运单据复印件。

第九十四条 贴现、转贴现和再贴现的期限从其贴现之日起至汇票到期日止。实付贴现金额按票面金额扣除贴现日至汇票到期前1日的利息计算。承兑人在异地的,贴现、转贴现和再贴现的期限以及贴现利息的计算应另加3天的划款日期。

第九十五条 贴现、转贴现、再贴现到期,贴现、转贴现、再贴现银行应向付款人收取票款。不获付款的,贴现、转贴现、再贴现银行应向其前手追索票款。贴现、再贴现银行追索票款时可从申请人的存款帐户收取票款。

第九十六条 存款人领购商业汇票,必须填写"票据和结算凭证领用单"并签章,签章应与预留银行的签章相符。存款帐户结清时,必须将全部剩余空白商业汇票交回银行注销。

第四节 银 行 本 票

第九十七条 银行本票是银行签发的,承诺自己在见票时无条件支付确定的金额给收款人或者持票人的票据。

第九十八条 单位和个人在同一票据交换区域需要支付各种款项,均可以使用银行本票。银行本票可以用于转帐,注明"现金"字样的银行本票可以用于支取现金。

第九十九条 银行本票分为不定额本票和定额本票两种。

第一百条 银行本票的出票人,为经中国人民银行当地分支行批准办理银行本票业务的银行机构。

第一百零一条 签发银行本票必须记载下列事项:

(一)表明"银行本票"的字样;

(二)无条件支付的承诺;

(三)确定的金额;

(四)收款人名称;

（五）出票日期；

（六）出票人签章。欠缺记载上列事项之一的，银行本票无效。

第一百零二条 定额银行本票面额为 1 千元、5 千元、1 万元和 5 万元。

第一百零三条 银行本票的提示付款期限自出票日起最长不得超过 2 个月。持票人超过付款期限提示付款的，代理付款人不予受理。银行本票的代理付款人是代理出票银行审核支付银行本票款项的银行。

第一百零四条 申请人使用银行本票，应向银行填写"银行本票申请书"，填明收款人名称、申请人名称、支付金额、申请日期等事项并签章。申请人和收款人均为个人需要支取现金的，应在"支付金额"栏先填写"现金"字样，后填写支付金额。申请人或收款人为单位的，不得申请签发现金银行本票。

第一百零五条 出票银行受理银行本票申请书，收妥款项签发银行本票。用于转帐的，在银行本票上划去"现金"字样；申请人和收款人均为个人需要支取现金的，在银行本票上划去"转帐"字样。不定额银行本票用压数机压印出票金额。出票银行在银行本票上签章后交给申请人。申请人或收款人为单位的，银行不得为其签发现金银行本票。

第一百零六条 申请人应将银行本票交付给本票上记明的收款人。收款人受理银行本票时，应审查下列事项：

（一）收款人是否确为本单位或本人；

（二）银行本票是否在提示付款期限内；

（三）必须记载的事项是否齐全；

（四）出票人签章是否符合规定，不定额银行本票是否有压数机压印的出票金额，并与大写出票金额一致；

（五）出票金额、出票日期、收款人名称是否更改，更改的其他记载事项是否由原记载人签章证明。

第一百零七条 收款人可以将银行本票背书转让给被背书

65

人。被背书人受理银行本票时，除按照第一百零六条的规定审查外，还应审查下列事项：

（一）背书是否连续，背书人签章是否符合规定，背书使用粘单的是否按规定签章；

（二）背书人为个人的身份证件。

第一百零八条 银行本票见票即付。跨系统银行本票的兑付，持票人开户银行可根据中国人民银行规定的金融机构同业往来利率向出票银行收取利息。

第一百零九条 在银行开立存款帐户的持票人向开户银行提示付款时，应在银行本票背面"持票人向银行提示付款签章"处签章，签章须与预留银行签章相同，并将银行本票、进帐单送交开户银行。银行审查无误后办理转帐。

第一百一十条 未在银行开立存款帐户的个人持票人，凭注明"现金"字样的银行本票向出票银行支取现金的，应在银行本票背面签章，记载本人身份证件名称、号码及发证机关，并交验本人身份证件及其复印件。持票人对注明"现金"字样的银行本票需要委托他人向出票银行提示付款的，应在银行本票背面"持票人向银行提示付款签章"处签章，记载"委托收款"字样、被委托人姓名和背书日期以及委托人身份证件名称、号码、发证机关。被委托人向出票银行提示付款时，也应在银行本票背面"持票人向银行提示付款签章"处签章，记载证件名称、号码及发证机关，并同时交验委托人和被委托人的身份证件及其复印件。

第一百一十一条 持票人超过提示付款期限不获付款的，在票据权利时效内向出票银行作出说明，并提供本人身份证件或单位证明，可持银行本票向出票银行请求付款。

第一百一十二条 申请人因银行本票超过提示付款期限或其他原因要求退款时，应将银行本票提交到出票银行，申请人为单位的，应出具该单位的证明；申请人为个人的，应出具该本人的身份证件。出票银行对于在本行开立存款帐户的申请人，只能将款项转入原申请人帐户;对于现金银行本票和未在本行开立存款帐户的申请人,才能退付现金。

第一百一十三条 银行本票丧失,失票人可以凭人民法院出具的其享有票据权利的证明,向出票银行请求付款或退款。

第五节 支 票

第一百一十四条 支票是出票人签发的,委托办理支票存款业务的银行在见票时无条件支付确定的金额给收款人或者持票人的票据。

第一百一十五条 支票上印有"现金"字样的为现金支票,现金支票只能用于支取现金。支票上印有"转帐"字样的为转帐支票,转帐支票只能用于转帐。支票上未印有"现金"或"转帐"字样的为普通支票,普通支票可以用于支取现金,也可以用于转帐。在普通支票左上角划两条平行线的,为划线支票,划线支票只能用于转帐,不得支取现金。

第一百一十六条 单位和个人在同一票据交换区域的各种款项结算,均可以使用支票。

第一百一十七条 支票的出票人,为在经中国人民银行当地分支行批准办理支票业务的银行机构开立可以使用支票的存款帐户的单位和个人。

第一百一十八条 签发支票必须记载下列事项:
(一)表明"支票"的字样;
(二)无条件支付的委托;
(三)确定的金额;
(四)付款人名称;
(五)出票日期;
(六)出票人签章。欠缺记载上列事项之一的,支票无效。支票的付款人为支票上记载的出票人开户银行。

第一百一十九条 支票的金额、收款人名称,可以由出票人授权补记。未补记前不得背书转让和提示付款。

第一百二十条　签发支票应使用炭素墨水或墨汁填写,中国人民银行另有规定的除外。

第一百二十一条　签发现金支票和用于支取现金的普通支票,必须符合国家现金管理的规定。

第一百二十二条　支票的出票人签发支票的金额不得超过付款时在付款人处实有的存款金额。禁止签发空头支票。

第一百二十三条　支票的出票人预留银行签章是银行审核支票付款的依据。银行也可以与出票人约定使用支付密码,作为银行审核支付支票金额的条件。

第一百二十四条　出票人不得签发与其预留银行签章不符的支票;使用支付密码的,出票人不得签发支付密码错误的支票。

第一百二十五条　支票的提示付款期限自出票日起10日,但中国人民银行另有规定的除外。超过提示付款期限提示付款的,持票人开户银行不予受理,付款人不予付款。

第一百二十六条　持票人可以委托开户银行收款或直接向付款人提示付款。用于支取现金的支票仅限于收款人向付款人提示付款。持票人委托开户银行收款的支票,银行应通过票据交换系统收妥后入帐。持票人委托开户银行收款时,应作委托收款背书,在支票背面背书人签章栏签章、记载"委托收款"字样、背书日期,在被背书人栏记载开户银行名称,并将支票和填制的进帐单送交开户银行。持票人持用于转帐的支票向付款人提示付款时,应在支票背面背书人签章栏签章,并将支票和填制的进帐单交送出票人开户银行。收款人持用于支取现金的支票向付款人提示付款时,应在支票背面"收款人签章"处签章,持票人为个人的,还需交验本人身份证件,并在支票背面注明证件名称、号码及发证机关。

第一百二十七条　出票人在付款人处的存款足以支付支票金额时,付款人应当在见票当日足额付款。

第一百二十八条　存款人领购支票,必须填写"票据和结算凭证领用单"并签章,签章应与预留银行的签章相符。存款帐户结清时,必须将全部剩余空白支票交回银行注销。

第三章 信 用 卡

第一百二十九条 信用卡是指商业银行向个人和单位发行的,凭以向特约单位购物、消费和向银行存取现金,且具有消费信用的特制载体卡片。

第一百三十条 信用卡按使用对象分为单位卡和个人卡;按信誉等级分为金卡和普通卡。

第一百三十一条 商业银行(包括外资银行、合资银行)、非银行金融机构未经中国人民银行批准不得发行信用卡。非金融机构、境外金融机构的驻华代表机构不得发行信用卡和代理收单结算业务。

第一百三十二条 申请发行信用卡的银行、非银行金融机构,必须具备下列条件:

(一)符合中国人民银行颁布的商业银行资产负债比例监控指标;

(二)相应的管理机构;

(三)合格的管理人员和技术人员;

(四)健全的管理制度和安全制度;

(五)必要的电信设备和营业场所;

(六)中国人民银行规定的其它条件。

第一百三十三条 商业银行、非银行金融机构开办信用卡业务须报经中国人民银行总行批准;其所属分、支机构开办信用卡业务,须报经辖区内中国人民银行分、支行备案。

第一百三十四条 凡在中国境内金融机构开立基本存款帐户的单位可申领单位卡。单位卡可申领若干张,持卡人资格由申领单位法定代表人或其委托的代理人书面指定和注销。凡具有完全民事行为能力的公民可申领个人卡。个人卡的主卡持卡人可为其配偶及年满18周岁的亲属申领附属卡,申领的附属卡最多不得超过两张,也有权要求注销其附属卡。

第一百三十五条　单位或个人申领信用卡,应按规定填制申请表,连同有关资料一并送交发卡银行。符合条件并按银行要求交存一定金额的备用金后,银行为申领人开立信用卡存款帐户,并发给信用卡。

第一百三十六条　单位卡帐户的资金一律从其基本存款帐户转帐存入,不得交存现金,不得将销货收入的款项存入其帐户。个人卡帐户的资金以其持有的现金存入或以其工资性款项及属于个人的劳务报酬收入转帐存入。严禁将单位的款项存入个人卡帐户。

第一百三十七条　发卡银行可根据申请人的资信程度,要求其提供担保。担保的方式可采用保证、抵押或质押。

第一百三十八条　信用卡备用金存款利息,按照中国人民银行规定的活期存款利率及计息办法计算。

第一百三十九条　信用卡仅限于合法持卡人本人使用,持卡人不得出租或转借信用卡。

第一百四十条　发卡银行应建立授权审批制度;信用卡结算超过规定限额的必须取得发卡银行的授权。

第一百四十一条　持卡人可持信用卡在特约单位购物、消费。单位卡不得用于10万元以上的商品交易、劳务供应款项的结算。

第一百四十二条　持卡人凭卡购物、消费时,需将信用卡和身份证件一并交特约单位。智能卡(下称IC卡)、照片卡可免验身份证件。特约单位不得拒绝受理持卡人合法持有的、签约银行发行的有效信用卡,不得因持卡人使用信用卡而向其收取附加费用。

第一百四十三条　特约单位受理信用卡时,应审查下列事项:

(一)确为本单位可受理的信用卡;

(二)信用卡在有效期内,未列入"止付名单";

（三）签名条上没有"样卡"或"专用卡"等非正常签名的字样；

（四）信用卡无打孔、剪角、毁坏或涂改的痕迹；

（五）持卡人身份证件或卡片上的照片与持卡人相符，但使用IC卡、照片卡或持卡人凭密码在销售点终端上消费、购物，可免验身份证件（下同）；

（六）卡片正面的拼音姓名与卡片背面的签名和身份证件上的姓名一致。

第一百四十四条　特约单位受理信用卡审查无误的，在签购单上压卡，填写实际结算金额、用途、持卡人身份证件号码、特约单位名称和编号。如超过支付限额的，应向发卡银行索权并填写授权号码，交持卡人签名确认，同时核对其签名与卡片背面签名是否一致。无误后，对同意按经办人填写的金额和用途付款的，由持卡人在签购单上签名确认，并将信用卡、身份证件和第一联签购单交还给持卡人。审查发现问题的，应及时与签约银行联系，征求处理意见。对止付的信用卡，应收回并交还发卡银行。

第一百四十五条　特约单位不得通过压卡、签单和退货等方式支付持卡人现金。

第一百四十六条　特约单位在每日营业终了，应将当日受理的信用卡签购单汇总，计算手续费和净计金额，并填写汇（总）计单和进帐单，连同签购单一并送交收单银行办理进帐。

第一百四十七条　收单银行接到特约单位送交的各种单据，经审查无误后，为特约单位办理进帐。

第一百四十八条　持卡人要求退货的，特约单位应使用退货单办理压（刷）卡，并将退货单金额从当日签购单累计金额中抵减，退货单随签购单一并送交收单银行。

第一百四十九条　单位卡一律不得支取现金。

第一百五十条　个人卡持卡人在银行支取现金时，应将信用卡和身份证件一并交发卡银行或代理银行。IC卡、照片卡以及凭密码在POS上支取现金的可免验身份证件。发卡银行或代理银行压(刷)卡后,填写取现单,经审查无误,交持卡人签名确认。超过支付限额的,代理银行应向发卡银行索权,并在取现单上填写授权号码。办理付款手续后,将现金、信用卡、身份证件和取现单回单联交给持卡人。

第一百五十一条　发卡银行收到代理银行通过同城票据交换或本系统联行划转的各种单据审核无误后办理付款。

第一百五十二条　信用卡透支额,金卡最高不得超过1万元,普通卡最高不得超过5千元。信用卡透支期限最长为60天。

第一百五十三条　信用卡透支利息,自签单日或银行记帐日起15日内按日息万分之五计算,超过15日按日息万分之十计算,超过30日或透支金额超过规定限额的,按日息万分之十五计算。透支计息不分段,按最后期限或者最高透支额的最高利率档次计息。

第一百五十四条　持卡人使用信用卡不得发生恶意透支。恶意透支是指持卡人超过规定限额或规定期限,并且经发卡银行催收无效的透支行为。

第一百五十五条　单位卡在使用过程中,需要向其帐户续存资金的,一律从其基本存款帐户转帐存入。个人卡在使用过程中,需要向其帐户续存资金的,只限于其持有的现金存入和工资性款项以及属于个人的劳务报酬收入转帐存入。

第一百五十六条　个人卡持卡人或其代理人交存现金,应在发卡银行或其代理银行办理。持卡人凭信用卡在发卡银行或代理银行交存现金的,银行经审查并收妥现金后,在存款单上压卡,将存款单回单联及信用卡交给持卡人。持卡人委托他人在不压卡的情况下代为办理交存现金的,代理人应在信用卡存款单上填写持卡人的卡号、姓名、存款金额等内容,并将现金送交银行办理交存手续。

第一百五十七条　发卡银行收到代理银行通过同城票据交换或本系统联行划转的各种单据审核无误后,为持卡人办理收款。

第一百五十八条　持卡人不需要继续使用信用卡的,应持信用卡主动到发卡银行办理销户。销户时,单位卡帐户余额转入其基本存款帐户,不得提取现金;个人卡帐户可以转帐结清,也可以提取现金。

第一百五十九条　持卡人还清透支本息后,属于下列情况之一的,可以办理销户:

(一)信用卡有效期满45天后,持卡人不更换新卡的;

(二)信用卡挂失满45天后,没有附属卡又不更换新卡的;

(三)信用卡被列入止付名单,发卡银行已收回其信用卡45天的;

(四)持卡人死亡,发卡银行已收回其信用卡45天的;

(五)持卡人要求销户或担保人撤销担保,并已交回全部信用卡45天的;

(六)信用卡帐户两年(含)以上未发生交易的;

(七)持卡人违反其他规定,发卡银行认为应该取消资格的。发卡银行办理销户,应当收回信用卡。有效信用卡无法收回的,应当将其止付。

第一百六十条　信用卡丧失,持卡人应立即持本人身份证件或其它有效证明,并按规定提供有关情况,向发卡银行或代办银行申请挂失。发卡银行或代办银行审核后办理挂失手续。

第四章　结算方式

第一节　基本规定

第一百六十一条　本办法所称结算方式,是指汇兑、托收承付和委托收款。

第一百六十二条　单位在结算凭证上的签章,应为该单位的财务专用章或者公章加其法定代表人或者其授权的代理人的签名或者盖章。

第一百六十三条　银行办理结算,给单位或个人的收、付款通知和汇兑回单,应加盖该银行的转讫章;银行给单位或个人的托收承付、委托收款的回单和向付款人发出的承付通知,应加盖该银行的业务公章。

第一百六十四条　结算凭证上的记载事项,必须符合本办法的规定。结算凭证上可以记载本办法规定以外的其他记载事项,除国家和中国人民银行另有规定外,该记载事项不具有支付结算的效力。

第一百六十五条　按照本办法的规定必须在结算凭证上记载汇款人、付款人和收款人帐号的,帐号与户名必须一致。

第一百六十六条　银行办理结算向外发出的结算凭证,必须于当日至迟次日寄发;收到的结算凭证,必须及时将款项支付给结算凭证上记载的收款人。

第二节　汇　　兑

第一百六十七条　汇兑是汇款人委托银行将其款项支付给收款人的结算方式。

第一百六十八条　单位和个人的各种款项的结算,均可使用汇兑结算方式。

第一百六十九条　汇兑分为信汇、电汇两种,由汇款人选择使用。

第一百七十条　签发汇兑凭证必须记载下列事项:
(一)表明"信汇"或"电汇"的字样;
(二)无条件支付的委托;
(三)确定的金额;
(四)收款人名称;
(五)汇款人名称;
(六)汇入地点、汇入行名称;

（七）汇出地点、汇出行名称；

（八）委托日期；

（九）汇款人签章。汇兑凭证上欠缺上列记载事项之一的，银行不予受理。汇兑凭证记载的汇款人名称、收款人名称，其在银行开立存款帐户的，必须记载其帐号。欠缺记载的，银行不予受理。委托日期是指汇款人向汇出银行提交汇兑凭证的当日。

第一百七十一条　汇兑凭证上记载收款人为个人的，收款人需要到汇入银行领取汇款，汇款人应在汇兑凭证上注明"留行待取"字样；留行待取的汇款，需要指定单位的收款人领取汇款的，应注明收款人的单位名称；信汇凭收款人签章支取的，应在信汇凭证上预留其签章。汇款人确定不得转汇的，应在汇兑凭证备注栏注明"不得转汇"字样。

第一百七十二条　汇款人和收款人均为个人，需要在汇入银行支取现金的，应在信、电汇凭证的"汇款金额"大写栏，先填写"现金"字样，后填写汇款金额。

第一百七十三条　汇出银行受理汇款人签发的汇兑凭证，经审查无误后，应及时向汇入银行办理汇款，并向汇款人签发汇款回单。汇款回单只能作为汇出银行受理汇款的依据，不能作为该笔汇款已转入收款人帐户的证明。

第一百七十四条　汇入银行对开立存款帐户的收款人，应将汇给其的款项直接转入收款人帐户，并向其发出收帐通知。收帐通知是银行将款项确已收入收款人帐户的凭据。

第一百七十五条　未在银行开立存款帐户的收款人，凭信、电汇的取款通知或"留行待取"的，向汇入银行支取款项，必须交验本人的身份证件，在信、电汇凭证上注明证件名称、号码及发证机关，并在"收款人签盖章"处签章；信汇凭签章支取的，收款人的签章必须与预留信汇凭证上的签章相符。银行审查无误后，以收款人的姓名开立应解汇款及临时存款帐户，该帐户只付不收，付完清户，不计付利息。支取现金的，信、电汇凭证上必须有按规定填明的

"现金"字样，才能办理。未填明"现金"字样，需要支取现金的，由汇入银行按照国家现金管理规定审查支付。收款人需要委托他人向汇入银行支取款项的，应在取款通知上签章，注明本人身份证件名称、号码、发证机关和"代理"字样以及代理人姓名。代理人代理取款时，也应在取款通知上签章，注明其身份证件名称、号码及发证机关，并同时交验代理人和被代理人的身份证件。转帐支付的，应由原收款人向银行填制支款凭证，并由本人交验其身份证件办理支付款项。该帐户的款项只能转入单位或个体工商户的存款帐户，严禁转入储蓄和信用卡帐户。转汇的，应由原收款人向银行填制信、电汇凭证，并由本人交验其身份证件。转汇的收款人必须是原收款人。原汇入银行必须在信、电汇凭证上加盖"转汇"戳记。

第一百七十六条　汇款人对汇出银行尚未汇出的款项可以申请撤销。申请撤销时，应出具正式函件或本人身份证件及原信、电汇回单。汇出银行查明确未汇出款项的，收回原信、电汇回单，方可办理撤销。

第一百七十七条　汇款人对汇出银行已经汇出的款项可以申请退汇。对在汇入银行开立存款帐户的收款人，由汇款人与收款人自行联系退汇；对未在汇入银行开立存款帐户的收款人，汇款人应出具正式函件或本人身份证件以及原信、电汇回单，由汇出银行通知汇入银行，经汇入银行核实汇款确未支付，并将款项汇回汇出银行，方可办理退汇。

第一百七十八条　转汇银行不得受理汇款人或汇出银行对汇款的撤销或退汇。

第一百七十九条　汇入银行对于收款人拒绝接受的汇款，应即办理退汇。汇入银行对于向收款人发出取款通知，经过2个月无法交付的汇款，应主动办理退汇。

第三节　托收承付

第一百八十条　托收承付是根据购销合同由收款人发货后委

托银行向异地付款人收取款项,由付款人向银行承认付款的结算方式。

第一百八十一条 使用托收承付结算方式的收款单位和付款单位,必须是国有企业、供销合作社以及经营管理较好,并经开户银行审查同意的城乡集体所有制工业企业。

第一百八十二条 办理托收承付结算的款项,必须是商品交易,以及因商品交易而产生的劳务供应的款项。代销、寄销、赊销商品的款项,不得办理托收承付结算。

第一百八十三条 收付双方使用托收承付结算必须签有符合《经济合同法》的购销合同,并在合同上订明使用托收承付结算方式。

第一百八十四条 收付双方办理托收承付结算,必须重合同、守信用。收款人对同一付款人发货托收累计3次收不回货款的,收款人开户银行应暂停收款人向该付款人办理托收;付款人累计3次提出无理拒付的,付款人开户银行应暂停其向外办理托收。

第一百八十五条 收款人办理托收,必须具有商品确已发运的证件(包括铁路、航运、公路等运输部门签发运单、运单副本和邮局包裹回执)。没有发运证件,属于下列情况的,可凭其他有关证件办理托收:

(一)内贸、外贸部门系统内商品调拨,自备运输工具发送或自提的;易燃、易爆、剧毒、腐蚀性强的商品,以及电、石油、天然气等必须使用专用工具或线路、管道运输的,可凭付款人确已收到商品的证明(粮食部门凭提货单及发货明细表)。

(二)铁道部门的材料厂向铁道系统供应专用器材,可凭其签发注明车辆号码和发运日期的证明。

(三)军队使用军列整车装运物资,可凭注明车辆号码、发运日期的单据;军用仓库对军内发货,可凭总后勤部签发的提货单副本,各大军区、省军区也可比照办理。

(四)收款人承造或大修理船舶、锅炉和大型机器等,生产周期长,合同规定按工程进度分次结算的,可凭工程进度完工证明书。

（五）付款人购进的商品,在收款人所在地转厂加工、配套的,可凭付款人和承担加工、配套单位的书面证明。

（六）合同规定商品由收款人暂时代为保管的,可凭寄存证及付款人委托保管商品的证明。

（七）使用"铁路集装箱"或将零担凑整车发运商品的,由于铁路只签发一张运单,可凭持有发运证件单位出具的证明。

（八）外贸部门进口商品,可凭国外发来的帐单、进口公司开出的结算帐单。

第一百八十六条　托收承付结算每笔的金额起点为1万元。新华书店系统每笔的金额起点为1千元。

第一百八十七条　托收承付结算款项的划回方法,分邮寄和电报两种,由收款人选用。

第一百八十八条　签发托收承付凭证必须记载下列事项:

（一）表明"托收承付"的字样;

（二）确定的金额;

（三）付款人名称及帐号;

（四）收款人名称及帐号;

（五）付款人开户银行名称;

（六）收款人开户银行名称;

（七）托收附寄单证张数或册数;

（八）合同名称、号码;

（九）委托日期;

（十）收款人签章;托收承付凭证上欠缺记载上列事项之一的,银行不予受理。

第一百八十九条　托收。收款人按照签订的购销合同发货后,委托银行办理托收。

（一）收款人应将托收凭证并附发运证件或其他符合托收承付结算的有关证明和交易单证送交银行。收款人如需取回发运证件,银行应在托收凭证上加盖"已验发运证件"戳记。对于军品托收,有驻厂军代表检验产品或有指定专人负责财务监督的,收款人还应当填制盖有驻厂军代表或指定人员印章(要在银行预留印模)的结算通知单,将交易单证和发运证件装入密封袋,并在密封袋上填明托收号码;同时,在托收凭证上填明结算通知单和密封袋的号码。然后,将托收凭证和结算通知单送交银行办理托收。没有驻厂军代表使用代号明件办理托收的,不填结算通知单,但应在交易单证上填写保密代号,按照正常托收办法处理。

(二)收款人开户银行接到托收凭证及其附件后,应当按照托收的范围、条件和托收凭证记载的要求认真进行审查,必要时,还应查验收付款人签订的购销合同。凡不符合要求或违反购销合同发货的,不能办理。审查时间最长不得超过次日。

第一百九十条 承付。付款人开户银行收到托收凭证及其附件后,应当及时通知付款人。通知的方法,可以根据具体情况与付款人签订协议,采取付款人来行自取、派人送达、对距离较远的付款人邮寄等。付款人应在承付期内审查核对,安排资金。承付货款分为验单付款和验货付款两种,由收付双方商量选用,并在合同中明确规定。

(一)验单付款。验单付款的承付期为 3 天,从付款人开户银行发出承付通知的次日算起(承付期内遇法定休假日顺延)。付款人在承付期内,未向银行表示拒绝付款,银行即视作承付,并在承付期满的次日(法定休假日顺延)上午银行开始营业时,将款项主动从付款人的帐户内付出,按照收款人指定的划款方式,划给收款人。

(二)验货付款。验货付款的承付期为 10 天,从运输部门向付款人发出提货通知的次日算起。对收付双方在合同中明确规定,并在托收凭证上注明验货付款期限的,银行从其规定。付款人收到提货通知后,应即向银行交验提货通知。付款人在银行发出承付通知的次日起 10 天内,未收到提货通知的,应在第 10 天将货物尚未到达的情况通知银行。在第 10 天付款人没有通知银行的，银行即视作已经验货，于 10 天期满的次日上午银行开始营业时，将款项划给收款人；在第 10 天付款人通知银行货物未到，而以后收到提货通知没有及时送交银行，银行仍按 10 天期满的次日作为划款日期，并按超过的天数，计扣逾期付款赔偿金。采用验货付款的，收款人必须在托收凭证上加盖明显的"验货付款"字样戳记。托收凭证未注明验货付款，经付款人提出合同证明是验货付款的，银行可按验货付款处理。

（三）不论验单付款还是验货付款，付款人都可以在承付期内提前向银行表示承付，并通知银行提前付款，银行应立即办理划款；因商品的价格、数量或金额变动，付款人应多承付款项的，须在承付期内向银行提出书面通知，银行据以随同当次托收款项划给收款人。付款人不得在承付货款中，扣抵其他款项或以前托收的货款。

第一百九十一条 逾期付款。付款人在承付期满日银行营业终了时，如无足够资金支付，其不足部分，即为逾期未付款项，按逾期付款处理。

（一）付款人开户银行对付款人逾期支付的款项，应当根据逾期付款金额和逾期天数，按每天万分之五计算逾期付款赔偿金。逾期付款天数从承付期满日算起。承付期满日银行营业终了时，付款人如无足够资金支付，其不足部分，应当算作逾期 1 天，计算 1 天的赔偿金。在承付期满的次日（遇法定休假日，逾期付款赔偿金的天数计算相应顺延，但在以后遇法定休假日应当照算逾期天数）银行营业终了时，仍无足够资金支付，其不足部分，应当算作逾期 2 天，计算 2 天的赔偿金。余类推。银行审查拒绝付款期间，不能算作付款人逾期付款，但对无理的拒绝付款，而增加银行审查时间的，应从承付期满日起计算逾期付款赔偿金。

（二）赔偿金实行定期扣付，每月计算一次，于次月 3 日内单独划给收款人。在月内有部分付款的，其赔偿金随同部分支付的款项划给收款人,对尚未支付的款项,月终再计算赔偿金,于次月3日内划给收款人;次月又有部分付款时,从当月1日起计算赔偿金,随同部分支付的款项划给收款人,对尚未支付的款项,从当月1日起至月终再计算赔偿金,于第3月3日内划给收款人。第3月仍有部分付款的,按照上述方法计扣赔偿金。赔偿金的扣付列为企业销货收入扣款顺序的首位。付款人帐户余额不足全额支付时,应排列在工资之前,并对该帐户采取"只收不付"的控制办法,待一次足额扣付赔偿金后,才准予办理其他款项的支付。因此而产生的经济后果,由付款人自行负责。

(三)付款人开户银行对付款人逾期未能付款的情况,应当及时通知收款人开户银行,由其转知收款人。

(四)付款人开户银行要随时掌握付款人帐户逾期未付的资金情况,俟帐户有款时,必须将逾期未付款项和应付的赔偿金及时扣划给收款人,不得拖延扣划。在各单位的流动资金帐户内扣付货款,要严格按照国务院关于国营企业销货收入扣款顺序的规定(即从企业销货收入中预留工资后,按照应缴纳税款、到期贷款、应偿付货款、应上缴利润的顺序)扣款;同类性质的款项按照应付时间的先后顺序扣款。

(五)付款人开户银行对不执行合同规定、三次拖欠货款的付款人,应当通知收款人开户银行转知收款人,停止对该付款人办理托收。收款人不听劝告,继续对该付款人办理托收,付款人开户银行对发出通知的次日起1个月之后收到的托收凭证,可以拒绝受理,注明理由,原件退回。

(六)付款人开户银行对逾期未付的托收凭证,负责进行扣款的期限为3个月(从承付期满日算起)。在此期限内,银行必须按照扣款顺序陆续扣款。期满时,付款人仍无足够资金支付该笔尚未付清的欠款,银行应于次日通知付款人将有关交易单证(单证已作帐务处理或已部分支付的,可以填制应付款项证明单)在2日内退回银行。银行将有关结算凭证连同交易单证或应付款项证明单退回收款人开户银行转交收款人,并将应付的赔偿金划给收款人。

第一百九十二条 拒绝付款。对下列情况,付款人在承付期内,可向银行提出全部或部分拒绝付款:

(一)没有签订购销合同或购销合同未订明托收承付结算方式的款项。

(二)未经双方事先达成协议,收款人提前交货或因逾期交货付款人不再需要该项货物的款项。

(三)未按合同规定的到货地址发货的款项。

(四)代销、寄销、赊销商品的款项。

(五)验单付款,发现所列货物的品种、规格、数量、价格与合同规定不符,或货物已到,经查验货物与合同规定或发货清单不符的款项。

(六)验货付款,经查验货物与合同规定或与发货清单不符的款项。

(七)货款已经支付或计算有错误的款项。不属于上述情况的,付款人不得向银行提出拒绝付款。外贸部门托收进口商品的款项,在承付期内,订货部门除因商品的质量问题不能提出拒绝付款,应当另行向外贸部门提出索赔外,属于上述其他情况,可以向银行提出全部或部分拒绝付款。付款人对以上情况提出拒绝付款时,必须填写"拒绝付款理由书"并签章,注明拒绝付款理由,涉及合同的应引证合同上的有关条款。属于商品质量问题,需要提出商品检验部门的检验证明;属于商品数量问题,需要提出数量问题的证明及其有关数量的记录;属于外贸部门进口商品,应当提出国家商品检验或运输等部门出具的证明。开户银行必须认真审查拒绝付款理由,查验合同。对于付款人提出拒绝付款的手续不全、依据不足、理由不符合规定和不属于本条七种拒绝付款情况的,以及超过承付期拒付和应当部分拒付提为全部拒付的,银行均不得受理,应实行强制扣款。对于军品的拒绝付款,银行不审查拒绝付款理由。银行同意部分或全部拒绝付款的,应在拒绝付款理由书上签注意见。部分拒绝付款,除办理部分付款外,应将拒绝付款理由书连同拒付证明和拒付商品清单邮寄收款人开户银行转交收款人。全部拒绝付款,应将拒绝付款理由书连同拒付证明和有关单证邮寄收款人开户银行转交收款人。

第一百九十三条 重办托收。收款人对被无理拒绝付款的托收款项,在收到退回的结算凭证及其所附单证后,需要委托银行重办托收,应当填写四联"重办托收理由书",将其中三联连同购销合同、有关证据和退回的原托收凭证及交易单证,一并送交银行。经开户银行审查,确属无理拒绝付款,可以重办托收。

第一百九十四条 收款人开户银行对逾期尚未划回,又未收到付款人开户银行寄来逾期付款通知或拒绝付款理由书的托收款项,应当及时发出查询。付款人开户银行要积极查明,及时答复。

第一百九十五条 付款人提出的拒绝付款,银行按照本办法规定审查无法判明是非的,应由收付双方自行协商处理,或向仲裁机关、人民法院申请调解或裁决。

第四节 委托收款

第一百九十六条 委托收款是收款人委托银行向付款人收取款项的结算方式。

第一百九十七条 单位和个人凭已承兑商业汇票、债券、存单等付款人债务证明办理款项的结算,均可以使用委托收款结算方式。

第一百九十八条 委托收款在同城、异地均可以使用。

第一百九十九条 委托收款结算款项的划回方式,分邮寄和电报两种,由收款人选用。

第二百条 签发委托收款凭证必须记载下列事项:
(一)表明"委托收款"的字样;
(二)确定的金额;
(三)付款人名称;

（四）收款人名称；

（五）委托收款凭据名称及附寄单证张数；

（六）委托日期；

（七）收款人签章。欠缺记载上列事项之一的，银行不予受理。委托收款以银行以外的单位为付款人的，委托收款凭证必须记载付款人开户银行名称；以银行以外的单位或在银行开立存款帐户的个人为收款人的，委托收款凭证必须记载收款人开户银行名称；未在银行开立存款帐户的个人为收款人的，委托收款凭证必须记载被委托银行名称。欠缺记载的，银行不予受理。

第二百零一条　委托。收款人办理委托收款应向银行提交委托收款凭证和有关的债务证明。

第二百零二条　付款。银行接到寄来的委托收款凭证及债务证明，审查无误办理付款。

（一）以银行为付款人的，银行应在当日将款项主动支付给收款人。

（二）以单位为付款人的，银行应及时通知付款人，按照有关办法规定，需要将有关债务证明交给付款人的应交给付款人，并签收。付款人应于接到通知的当日书面通知银行付款。按照有关办法规定，付款人未在接到通知日的次日起3日内通知银行付款的，视同付款人同意付款，银行应于付款人接到通知日的次日起第4日上午开始营业时，将款项划给收款人。付款人提前收到由其付款的债务证明，应通知银行于债务证明的到期日付款。付款人未于接到通知日的次日起3日内通知银行付款，付款人接到通知日的次日起第4日在债务证明到期日之前的，银行应于债务证明到期日将款项划给收款人。银行在办理划款时，付款人存款帐户不足支付的，应通过被委托银行向收款人发出未付款项通知书。按照有关办法规定，债务证明留存付款人开户银行的，应将其债务证明连同未付款项通知书邮寄被委托银行转交收款人。

第二百零三条　拒绝付款。付款人审查有关债务证明后，对收款人委托收取的款项需要拒绝付款的,可以办理拒绝付款。

(一)以银行为付款人的,应自收到委托收款及债务证明的次日起3日内出具拒绝证明连同有关债务证明、凭证寄给被委托银行,转交收款人。

(二)以单位为付款人的,应在付款人接到通知日的次日起3日内出具拒绝证明,持有债务证明的,应将其送交开户银行。银行将拒绝证明、债务证明和有关凭证一并寄给被委托银行,转交收款人。

第二百零四条 在同城范围内,收款人收取公用事业费或根据国务院的规定,可以使用同城特约委托收款。收取公用事业费,必须具有收付双方事先签订的经济合同,由付款人向开户银行授权,并经开户银行同意,报经中国人民银行当地分支行批准。

第五章 结算纪律与责任

第二百零五条 单位和个人办理支付结算,不准签发没有资金保证的票据或远期支票,套取银行信用;不准签发、取得和转让没有真实交易和债权债务的票据,套取银行和他人资金;不准无理拒绝付款,任意占用他人资金;不准违反规定开立和使用帐户。

第二百零六条 银行办理支付结算,不准以任何理由压票、任意退票、截留挪用客户和他行资金;不准无理拒绝支付应由银行支付的票据款项;不准受理无理拒付、不扣少扣滞纳金;不准违章签发、承兑、贴现票据,套取银行资金;不准签发空头银行汇票、银行本票和办理空头汇款;不准在支付结算制度之外规定附加条件,影响汇路畅通;不准违反规定为单位和个人开立帐户;不准拒绝受理、代理他行正常结算业务;不准放弃对企事业单位和个人违反结算纪律的制裁;不准逃避向人民银行转汇大额汇划款项。

第二百零七条 单位、个人和银行按照法定条件在票据上签章的,必须按照所记载的事项承担票据责任。

第二百零八条 单位签发商业汇票后,必须承担保证该汇票承兑和付款的责任。单位和个人签发支票后,必须承担保证该支票付款的责任。银行签发银行汇票、银行本票后,即承担该票据付款的责任。

第二百零九条 商业汇票的背书人背书转让票据后,即承担保证其后手所持票据承兑和付款责任。银行汇票、银行本票或支票的背书人背书转让票据后,即承担保证其后手所持票据付款的责任。单位或银行承兑商业汇票后,必须承担该票据付款的责任。

第二百一十条 票据的保证人应当与被保证人对持票人承担连带责任。

第二百一十一条 变造票据除签章以外的记载事项的,在变造之前签章的人,对原记载事项负责、在变造之后签章的人,对变造之后的记载事项负责;不能辨别在票据被变造之前或者之后签章的,视同在变造之前签章。

第二百一十二条 持票人超过规定期限提示付款的,银行汇票、银行本票的出票人、商业汇票的承兑人,在持票人作出说明后,仍应当继续对持票人承担付款责任;支票的出票人对持票人的追索,仍应当承担清偿责任。

第二百一十三条 付款人及其代理付款人以恶意或者重大过失付款的,应当自行承担责任。

第二百一十四条 商业汇票的付款人在到期前付款的,由付款人自行承担所产生的责任。

第二百一十五条 承兑人或者付款人拒绝承兑或拒绝付款,未按规定出具拒绝证明、或者出具退票理由书的,应当承担由此产生的民事责任。

第二百一十六条 持票人不能出示拒绝证明、退票理由书或者未按规定期限提供其他合法证明丧失对其前手追索权的,承兑人或者付款人应对持票人承担责任。

第二百一十七条 持票人因不获承兑或不获付款,对其前手行使追索权时,票据的出票人、背书人和保证人对持票人承担连带责任。

第二百一十八条　持票人行使追索权时,持票人及其前手未按《票据法》规定期限将被拒绝事由书面通知其前手的,因延期通知给其前手或者出票人造成损失的,由没有按照规定期限通知的票据当事人,在票据金额内承担对该损失的赔偿责任。

第二百一十九条　票据债务人在持票人不获付款或不获承兑时,应向持票人清偿《票据法》规定的金额和费用。

第二百二十条　单位和个人签发空头支票、签章与预留银行签章不符或者支付密码错误的支票,应按照《票据管理实施办法》和本办法的规定承担行政责任。

第二百二十一条　单位为票据的付款人,对见票即付或者到期的票据,故意压票、拖延支付的,应按照《票据管理实施办法》的规定承担行政责任。

第二百二十二条　持卡人必须妥善保管和正确使用其信用卡,否则,应按规定承担因此造成的资金损失。

第二百二十三条　持卡人使用单位卡发生透支的,由其单位承担透支金额的偿还和支付透支利息的责任。持卡人使用个人卡附属卡发生透支的,由其主卡持卡人承担透支金额的偿还和支付透支利息的责任;主卡持卡人丧失偿还能力的,由其附属卡持卡人承担透支金额的偿还和支付透支利息的责任。

第二百二十四条　持卡人办理挂失后,被冒用造成的损失,有关责任人按照信用卡章程的规定承担责任。

第二百二十五条　持卡人违反本办法规定使用信用卡进行商品交易、套取现金以及出租或转借信用卡的,应按规定承担行政责任。

第二百二十六条　单位卡持卡人违反本办法规定,将基本存款帐户以外的存款和销货款收入的款项转入其信用卡帐户的;个人卡持卡人违反本办法规定,将单位的款项转入其信用卡帐户的,应按规定承担行政责任。

第二百二十七条 特约单位受理信用卡时,应当按照规定的操作程序办理,否则,由其承担因此造成的资金损失。

第二百二十八条 发卡银行未按规定时间将止付名单发至特约单位的,应由其承担因此造成的资金损失。

第二百二十九条 银行违反本办法规定,未经批准发行信用卡的;帮助持卡人将其基本存款帐户以外的存款或其他款项转入单位卡帐户,将单位的款项转入个人卡帐户的;违反规定帮助持卡人提取现金的,应按规定承担行政责任。

第二百三十条 非金融机构、非银行金融机构、境外金融机构驻华代表机构违反规定,经营信用卡业务的,应按规定承担行政责任。

第二百三十一条 付款单位对收款单位托收的款项逾期付款,应按照规定承担赔偿责任;付款单位变更开户银行、帐户名称和帐号,未能及时通知收款单位,影响收取款项的,应由付款单位承担逾期付款赔偿责任;付款单位提出的无理拒绝付款,对收款单位重办的托收,应承担自第一次托收承付期满日起逾期付款赔偿责任。

第二百三十二条 单位和个人办理支付结算,未按照本办法的规定填写票据或结算凭证或者填写有误,影响资金使用或造成资金损失;票据或印章丢失,造成资金损失的,由其自行负责。

第二百三十三条 单位和个人违反本办法的规定,银行停止其使用有关支付结算工具,因此造成的后果,由单位和个人自行负责。

第二百三十四条 付款单位到期无款支付,逾期不退回托收承付有关单证的,应按规定承担行政责任。

第二百三十五条 城乡集体所有制工业企业未经银行批准,擅自办理托收承付结算的,应按规定承担行政责任。

第二百三十六条 单位和个人违反《银行帐户管理办法》开立

和使用帐户的,应按规定承担行政责任。

第二百三十七条　对单位和个人承担行政责任的处罚,由中国人民银行委托商业银行执行。

第二百三十八条　收款人或持票人委托的收款银行的责任,限于收到付款人支付的款项后按照票据和结算凭证上记载的事项将票据或结算凭证记载的金额转入收款人或持票人帐户。

付款人委托的付款银行的责任,限于按照票据和结算凭证上记载事项从付款人帐户支付金额。但托收承付结算中的付款人开户银行,应按照托收承付结算方式有关规定承担责任。

第二百三十九条　银行办理支付结算,因工作差错发生延误,影响客户和他行资金使用的,按中国人民银行规定的同档次流动资金贷款利率计付赔偿金。

第二百四十条　银行违反规定故意压票、退票、拖延支付,受理无理拒付、擅自拒付退票、有款不扣以及不扣、少扣赔偿金,截留挪用结算资金,影响客户和他行资金使用的,要按规定承担赔偿责任。因重大过失错付或被冒领的,要负责资金赔偿。

第二百四十一条　银行违反本办法规定将支付结算的款项转入储蓄和信用卡帐户的,应按规定承担行政责任。

第二百四十二条　银行违反规定签发空头银行汇票、银行本票和办理空头汇款的,应按照规定承担行政责任。

第二百四十三条　银行违反规定故意压票、退票、拖延支付,受理无理拒付、擅自拒付退票、有款不扣以及不扣、少扣赔偿金,截留、挪用结算资金的,应按规定承担行政责任。

第二百四十四条　银行未按规定通过人民银行办理大额转汇的,应按规定承担行政责任。

第二百四十五条　银行在结算制度之外规定附加条件,影响汇路畅通的,应按规定承担行政责任。

第二百四十六条　银行违反《银行帐户管理办法》开立和管理帐户的,应按规定承担行政责任。

第二百四十七条　违反国家法律、法规和未经中国人民银行批准,作为中介机构经营结算业务的;未经中国人民银行批准,开办银行汇票、银行本票、支票、信用卡业务的,应按规定承担行政责任。

第二百四十八条　金融机构的工作人员在票据业务中玩忽职守,对违反规定的票据予以承兑、付款、保证或者贴现的,应按照《票据管理实施办法》的规定承担行政责任或刑事责任。

第二百四十九条　违反本办法规定擅自印制票据的,应按照《票据管理实施办法》的规定承担行政责任。

第二百五十条　邮电部门在传递票据、结算凭证和拍发电报中,因工作差错而发生积压、丢失、错投、错拍、漏拍、重拍等,造成结算延误,影响单位、个人和银行资金使用或造成资金损失的,由邮电部门负责。

第二百五十一条　伪造、变造票据和结算凭证上的签章或其他记载事项的,应当承担民事责任或刑事责任。

第二百五十二条　有利用票据、信用卡、结算凭证欺诈的行为,构成犯罪的,应依法承担刑事责任。情节轻微,不构成犯罪的,应按照规定承担行政责任。

第六章　附　　则

第二百五十三条　本办法规定的各项期限的计算,适用民法通则关于计算期间的规定。期限最后一日是法定休假日的,以休假日的次日为最后一日。按月计算期限的,按到期月的对日计算;无对日的,月末日为到期日。本办法所规定的各项期限,可以因不可抗力的原因而中止。不可抗力的原因消失时,期限可以顺延。

第二百五十四条　银行汇票、商业汇票由中国人民银行总行统一格式、联次、颜色、规格,并在中国人民银行总行批准的印制厂印制。由各家银行总行组织定货和管理。银行本票、支票由中国人民银行总行统一格式、联次、颜色、规格,并在中国人民银行总行批准的印制厂印制,由中国人民银行各省、自治区、直辖市、计划单列市分行负责组织各商业银行定货和管理。信用卡按中国人民银行的有关规定印制,信用卡结算凭证的格式、联次、颜色、规格由中国人民银行总行统一规定,各发卡银行总行负责印制。汇兑凭证、托收承付凭证、委托收款凭证由中国人民银行总行统一格式、联次、颜色、规格,由各行负责印制和管理。

第二百五十五条 银行办理各项支付结算业务,根据承担的责任和业务成本以及应付给有关部门的费用,分别收取邮费、电报费、手续费、凭证工本费(信用卡卡片费)、挂失手续费,以及信用卡年费、特约手续费、异地存取款手续费。收费范围,除财政金库全部免收、存款不计息帐户免收邮费、手续费外,对其他单位和个人都要按照规定收取费用。邮费,单程的每笔按邮局挂号信每件收费标准收费;双程的每笔按邮局挂号信二件收费标准收费;客户要求使用特快专递的,按邮局规定的收费标准收取;超重部分按邮局规定的标准加收。电报费,每笔按四十五个字照电报费标准收取,超过的字数按每字收费的标准加收。急电均加倍收取电报费。手续费,按银行规定的标准收取。银行办理支付结算业务按照附二《支付结算业务收费表》收取手续费和邮电费。信用卡统一的收费标准,中国人民银行将另行规定。支票的手续费由经办银行向购买人收取,其他结算的手续费、邮电费一律由经办银行向委托人收取。凭证工本费,按照不同凭证的成本价格,向领用人收取。

第二百五十六条 各部门、各单位制定的有关规定,涉及支付结算而与本办法有抵触的,一律按照本办法的规定执行。中国人民银行过去有关支付结算的规定与本办法有抵触的,以本办法为准。

第二百五十七条 本办法由中国人民银行总行负责解释、修改。

第二百五十八条 本办法自1997年12月1日起施行。

附件:(略)

工业和信息化部行政复议实施办法

（2024年2月26日工业和信息化部令第69号公布 自公布之日起施行 国司备字[2024010507]）

第一条 为了规范工业和信息化部的行政复议工作，防止和纠正违法的或者不当的行政行为，保护公民、法人和其他组织的合法权益，根据《中华人民共和国行政复议法》等法律、行政法规，制定本办法。

第二条 公民、法人或者其他组织认为工业和信息化部或者省、自治区、直辖市通信管理局的行政行为侵犯其合法权益，向工业和信息化部提出行政复议申请，工业和信息化部办理行政复议案件，适用本办法。

第三条 工业和信息化部行政复议机构负责办理行政复议事项，组织办理工业和信息化部的行政应诉事项。

第四条 对工业和信息化部或者省、自治区、直辖市通信管理局的行政行为不服，申请行政复议的公民、法人或者其他组织是申请人，作出该行政行为的工业和信息化部或者省、自治区、直辖市通信管理局是被申请人。

第五条 公民、法人或者其他组织向工业和信息化部提出行政复议申请，应当遵守法律规定的申请期限。

因不可抗力或者其他正当理由耽误法定申请期限的，申请期限自障碍消除之日起继续计算，但申请人应当提供相关说明材料。

第六条 申请人书面申请行政复议的，应当提交行政复议申请书，注明同意接收行政复议相关文书的送达地址。

申请人为公民的，应当提交居民身份证或者其他有效证件复印件；申请人为法人或者其他组织的，应当提交营业执照或者其他有效证件复印件、法定代表人或者主要负责人居民身份证或者其他有效证件复印件。申请人委托代理人代为申请的,还应当提交授权委托书和代理人的居民身份证或者其他有效证件复印件。授权委托书应当载明委托事项、权限和期限。

申请人书面申请行政复议确有困难的,可以口头申请行政复议,由工业和信息化部行政复议机构当场制作行政复议申请笔录,交申请人核对或者向申请人宣读,并由申请人签字确认。

申请人对两个以上行政行为不服的,应当分别申请行政复议。

第七条 工业和信息化部收到行政复议申请后,应当依法进行审查,符合法定受理条件的,应当予以受理。

同一申请人以基本相同的事实和理由就同一行政行为重复提出行政复议申请的,工业和信息化部不再重复受理。

第八条 工业和信息化部受理行政复议申请后,发现该行政复议申请不符合法定受理条件的,应当决定驳回申请并说明理由。

第九条 适用普通程序审理的行政复议案件,工业和信息化部行政复议机构应当自行政复议申请受理之日起7日内,制作行政复议答复通知书,连同行政复议申请书副本或者行政复议申请笔录复印件发送被申请人。被申请人应当自收到行政复议答复通知书之日起10日内提出书面答复,并提交作出行政行为的证据、依据和其他有关材料。

适用简易程序审理的行政复议案件,工业和信息化部行政复议机构应当自受理行政复议申请之日起3日内,将行政复议申请书副本或者行政复议申请笔录复印件发送被申请人。被申请人应当自收到行政复议申请书副本或者行政复议申请笔录复印件之日起5日内,提出书面答复,并提交作出行政行为的证据、依据和其他有关材料。

被申请人是工业和信息化部的,由承办行政行为有关事项的内设机构依照本条第一款和第二款规定提出书面答复。

第十条 被申请人的书面答复应当载明下列内容:

(一)被申请人名称、地址、法定代表人姓名;

(二)作出行政行为的事实、证据及法律依据；
(三)作出答复的日期、联系人,并加盖印章。

第十一条 行政复议期间,申请人、第三人及其委托代理人需要查阅、复制被申请人提出的书面答复、作出行政行为的证据、依据和其他有关材料的,应当按照工业和信息化部行政复议机构规定的格式,向行政复议机构提出书面申请,并提供居民身份证或者其他有效证件复印件,委托代理人申请的,还应当提交授权委托书及代理人居民身份证或者其他有效证件复印件。

行政复议机构根据实际情况告知申请人、第三人及其委托代理人查阅、复制的时间和地点。申请人、第三人及其委托代理人未按照告知的时间和地点查阅、复制的,视为放弃,因不可抗力或者有正当理由的除外。查阅、复制不得有毁损、篡改、隐匿等改变材料原有状态的行为。

第十二条 行政复议期间有法定的中止情形的,行政复议中止。行政复议中止的原因消除后,应当及时恢复行政复议案件的审理。工业和信息化部中止、恢复行政复议案件的审理,应当书面告知当事人。

行政复议期间有法定的终止情形的,工业和信息化部决定终止行政复议。

第十三条 工业和信息化部审理行政复议案件,由行政复议机构对行政行为进行审查,提出意见,经工业和信息化部负责人同意或者集体讨论通过后,在法定期限内以工业和信息化部名义作出行政复议决定。

经过听证的行政复议案件,工业和信息化部应当根据听证笔录、审查认定的事实和证据,依法作出行政复议决定。

第十四条 工业和信息化部作出行政复议决定,应当制作行政复议决定书,并加盖印章,送达申请人、被申请人、第三人。行政复议决定书一经送达,即发生法律效力。

第十五条 公民、法人或者其他组织对工业和信息化部行政复议决定不服的,可以依照《中华人民共和国行政诉讼法》的规定向人民法院提起行政诉讼,但是法律规定行政复议决定为最终裁决的除外。对工业和信息化部的行政行为作出的行政复议决定不服的,可以向人民法院提起行政诉讼;也可以向国务院申请裁决。

第十六条 工业和信息化部在办理行政复议案件过程中,发现被申请人或者其他下级行政机关的有关行政行为违法或者不当的,可以向其制发行政复议意见书。行政复议意见书应当载明行政行为存在的问题、认定事实、判断依据以及整改意见等,并加盖印章。

第十七条 工业和信息化部行政复议机构在办理行政复议案件过程中,发现法律、行政法规、部门规章实施中带有普遍性问题的,可以制作行政复议建议书,并加盖印章,向负责相关工作的内设机构以及省、自治区、直辖市通信管理局或者有关单位提出完善制度和改进执法的建议。

第十八条 被申请人应当在期限内履行行政复议决定书、调解书、意见书,并将履行情况报送工业和信息化部行政复议机构。

第十九条 工业和信息化部建立行政复议工作通报制度。工业和信息化部行政复议机构应当每年将行政复议案件办理情况上报工业和信息化部负责人并进行通报。

工业和信息化部行政复议机构协助考核机构,将行政复议工作情况纳入年度考核。

第二十条 工业和信息化部建立健全专业化、职业化的行政复议人员队伍。

第二十一条 工业和信息化部确保行政复议机构的人员配备与所承担的工作任务相适应,提高行政复议人员专业素质,根据听取当事人意见、听证、查阅复制材料、调解等工作需要,保障办案场所、装备等设施和其他必要的工作条件。

省、自治区、直辖市通信管理局应当为办理行政复议答复工作配备相应人员,保障经费、装备等工作条件。

第二十二条 工业和信息化部加强信息化建设,优化完善行政复议办理系统,方便公民、法人或者其他组织申请、参加行政复议,提高复议工作质量和效率。

第二十三条　工业和信息化部对在行政复议工作中做出显著成绩的单位和个人,按照国家有关规定给予表彰和奖励。

第二十四条　工业和信息化部受理行政复议申请,不得向申请人收取任何费用。行政复议所需经费,列入工业和信息化部行政经费予以保障。

第二十五条　行政复议期间的计算和行政复议文书的送达,依照《中华人民共和国行政复议法》《中华人民共和国民事诉讼法》相关规定执行。

本办法关于行政复议期间有关"3日"、"5日"、"7日"、"10日"的规定是指工作日,不含法定休假日。

第二十六条　外国人、无国籍人、外国组织在中华人民共和国境内向工业和信息化部提出行政复议申请,适用本办法。

第二十七条　本办法自公布之日起施行。2017年7月3日公布的《工业和信息化部行政复议实施办法》(工业和信息化部令第41号)同时废止。

国家国防科技工业局行政复议实施办法

(2024年2月28日工业和信息化部令第70号公布
自公布之日起施行　国司备字[2024010508])

第一条　为了规范国家国防科技工业局(以下简称国家国防科工局)的行政复议工作,防止和纠正违法或者不当的行政行为,保护公民、法人和其他组织的合法权益,根据《中华人民共和国行政复议法》等法律、行政法规,制定本办法。

第二条　公民、法人或者其他组织向国家国防科工局提出行政复议申请,国家国防科工局办理行政复议案件,适用本办法。

第三条 国家国防科工局行政复议工作遵循合法、公正、公开、高效、便民、为民的原则，坚持有错必纠，保障法律、行政法规和部门规章的正确实施。

第四条 国家国防科工局法制工作机构是国家国防科工局的行政复议机构，具体办理行政复议事项，履行下列职责：

（一）受理向国家国防科工局提出的行政复议申请；

（二）向有关组织和人员调查取证，查阅文件和资料；

（三）审查申请行政复议的行政行为是否合法与适当；

（四）对违反规定的行政行为提出处理建议；

（五）拟定行政复议决定；

（六）办理因不服国家国防科工局行政复议决定提起行政诉讼的应诉事项；

（七）法律、行政法规和部门规章规定的其他职责。

第五条 有下列情形之一的，公民、法人或者其他组织可以向国家国防科工局申请行政复议：

（一）对国家国防科工局作出的行政处罚决定不服；

（二）对国家国防科工局作出的行政强制措施、行政强制执行决定不服；

（三）申请行政许可，国家国防科工局拒绝或者在法定期限内不予答复，或者对国家国防科工局作出的有关行政许可的其他决定不服；

（四）认为国家国防科工局在政府信息公开工作中侵犯其合法权益；

（五）《中华人民共和国行政复议法》第十一条规定的其他情形。

第六条 对国家国防科工局的行政行为不服，申请行政复议的公民、法人或者其他组织是申请人；国家国防科工局是被申请人，由承办行政行为有关事项的内设机构承担被申请人有关工作。

第七条 公民、法人或者其他组织认为国家国防科工局的行政行为侵犯其合法权益的,可以自知道或者应当知道该行政行为之日起60日内向国家国防科工局提出行政复议申请;但是法律规定的申请期限超过60日的除外。

因不可抗力或者其他正当理由耽误法定申请期限的,申请期限自障碍消除之日起继续计算。

国家国防科工局作出行政行为时,未告知公民、法人或者其他组织申请行政复议的权利、行政复议机关和申请期限的,申请期限自公民、法人或者其他组织知道或者应当知道申请行政复议的权利、行政复议机关和申请期限之日起计算,但是自知道或者应当知道行政行为内容之日起最长不得超过1年。

第八条 申请人向国家国防科工局申请行政复议,可以书面申请;书面申请有困难的,也可以口头申请。

书面申请的,可以通过邮寄或者国家国防科工局指定的互联网渠道等方式提交行政复议申请书(一式三份)和相关材料,也可以当面提交。行政复议申请书应当载明下列内容:

(一)申请人的基本情况,包括:公民的姓名、性别、年龄、身份证号码、工作单位、住所、邮政编码;法人或者其他组织的名称、住所、邮政编码和法定代表人或者主要负责人的姓名、职务;

(二)被申请人的名称;

(三)行政复议请求、申请行政复议的主要事实和理由;

(四)申请人的签名或者盖章;

(五)申请行政复议的日期。

口头申请的,国家国防科工局应当当场记录申请人的基本情况、行政复议请求、申请行政复议的主要事实、理由和时间,并由申请人签名或者盖章确认。

第九条 公民、法人或者其他组织向国家国防科工局申请行政复议,国家国防科工局已经依法受理的,在行政复议期间不得向人民法院提起行政诉讼。

公民、法人或者其他组织向人民法院提起行政诉讼,人民法院已经依法受理的,不得申请行政复议。

第十条　行政复议申请符合下列规定的,国家国防科工局应当予以受理:

(一)有明确的申请人和符合规定的被申请人,且申请人与被申请行政复议的行政行为有利害关系;

(二)有具体的行政复议请求和理由;

(三)属于《中华人民共和国行政复议法》规定的复议范围和国家国防科工局的管辖范围;

(四)在法定申请期限内提出;

(五)行政复议机关未受理过该申请人就同一行政行为提出的行政复议申请,并且人民法院未受理过该申请人就同一行政行为提起的行政诉讼。

第十一条　国家国防科工局收到行政复议申请后,应当在5日内进行审查,并分别作出以下处理:

(一)行政复议申请符合《中华人民共和国行政复议法》及其实施条例的,应当予以受理,并书面通知申请人;

(二)行政复议申请不符合《中华人民共和国行政复议法》及其实施条例的,决定不予受理并说明理由,制作不予受理决定书,并送达申请人;不属于国家国防科工局管辖的,应当在不予受理决定书中告知申请人有管辖权的行政复议机关。

行政复议申请的审查期限届满,国家国防科工局未作出不予受理决定的,审查期限届满之日起视为受理。

第十二条　行政复议申请材料不齐全或者表述不清楚,无法判断行政复议申请是否符合《中华人民共和国行政复议法》及其实施条例的,国家国防科工局应当自收到申请之日起5日内书面通知申请人补正。补正通知应当一次性载明需要补正的事项。

申请人应当自收到补正通知之日起10日内提交补正材料。有正当理由不能按期补正的,国家国防科工局可以延长合理的补正期限。无正当理由逾期不补正的,视为申请人放弃行政复议申请,并记录在案。国家国防科工局收到补正材料后,依法予以审查。

第十三条 国家国防科工局受理行政复议申请后,发现该行政复议申请不符合《中华人民共和国行政复议法》及其实施条例的,应当决定驳回申请并说明理由。

第十四条 法律、行政法规规定应当先向国家国防科工局申请行政复议、对行政复议决定不服再向人民法院提起行政诉讼的,国家国防科工局决定不予受理、驳回申请或者受理后超过行政复议期限不作答复的,公民、法人或者其他组织可以自收到决定书之日起或者行政复议期限届满之日起15日内,依法向人民法院提起行政诉讼。

第十五条 行政复议期间行政行为不停止执行;但是,有下列情形之一的,应当停止执行:

(一)国家国防科工局认为需要停止执行的;

(二)申请人、第三人申请停止执行,国家国防科工局认为其要求合理,决定停止执行的;

(三)法律、行政法规、部门规章规定停止执行的其他情形。

第十六条 行政复议期间,申请人、第三人及其委托代理人依照规定查阅、复制有关材料的,除涉及国家秘密、商业秘密、个人隐私或者可能危及国家安全、公共安全、社会稳定的情形外,国家国防科工局行政复议机构应当同意。

第十七条 适用普通程序审理的行政复议案件,国家国防科工局行政复议机构应当当面或者通过互联网、电话等方式听取当事人的意见,并将听取的意见记录在案。因当事人原因不能听取意见的,可以书面审理。

适用简易程序审理的行政复议案件,可以书面审理。

第十八条 审理重大、疑难、复杂的行政复议案件,国家国防科工局行政复议机构应当组织听证。

国家国防科工局行政复议机构认为有必要听证,或者申请人请求听证的,国家国防科工局行政复议机构可以组织听证。

听证由国家国防科工局行政复议机构有关负责人任主持人,两名以上行政复议人员任听证员,一名记录员制作听证笔录。

第十九条 国家国防科工局行政复议机构组织听证的,应当于举行听证的5日前将听证的时间、地点和拟听证事项书面通知当事人。

申请人无正当理由拒不参加听证的,视为放弃听证权利。

国家国防科工局的负责人应当参加听证。不能参加的,应当说明理由并委托相应的工作人员参加听证。

第二十条 国家国防科工局审理行政复议案件,由行政复议机构对行政行为进行审查,依照《中华人民共和国行政复议法》第六十三条至第七十二条提出审查意见,经国家国防科工局负责人同意或者集体讨论通过后,依法作出行政复议决定。

第二十一条 适用普通程序审理的行政复议案件,国家国防科工局应当自受理申请之日起60日内作出行政复议决定;但是法律规定行政复议期限少于60日的除外。情况复杂,不能在规定期限内作出行政复议决定的,经国家国防科工局主要负责人批准,可以适当延长,并书面告知当事人;但是延长期限最多不得超过30日。

延长行政复议期限的,应当制作决定延期通知书,并送达申请人、第三人。

适用简易程序审理的行政复议案件,国家国防科工局应当自受理申请之日起30日内作出行政复议决定。

第二十二条 国家国防科工局作出行政复议决定前,申请人要求撤回行政复议申请的,经说明理由,可以撤回。

撤回行政复议申请的,行政复议审理终止。

因申请人撤回行政复议申请或者因其他原因依法终止行政复议的,应当制作行政复议终止通知书,并送达申请人、第三人。

第二十三条 国家国防科工局作出行政复议决定,应当制作行政复议决定书,并加盖国家国防科工局印章。

国家国防科工局行政复议机构应当在法定期限内将行政复议决定书送达申请人、第三人。行政复议决定书一经送达,即发生法律效力。

国家国防科工局根据被申请行政复议的行政行为的公开情况,依照国家有关规定将行政复议决定书向社会公开。

第二十四条 公民、法人或者其他组织对国家国防科工局作出的行政复议决定不服的,可以依法向人民法院提起行政诉讼,也可以依法向国务院申请裁决。

第二十五条 对国家国防科工局作出的维持、变更行政行为的行政复议决定,申请人、第三人逾期不起诉又不履行的,由国家国防科工局依法强制执行或者申请人民法院强制执行。

第二十六条 国家国防科工局受理行政复议申请,不得向申请人收取任何费用。

行政复议活动所需经费,依照《中华人民共和国行政复议法》相关规定执行。

第二十七条 国家国防科工局行政复议使用统一的文书格式。

第二十八条 行政复议期间的计算和行政复议文书的送达,依照《中华人民共和国行政复议法》《中华人民共和国民事诉讼法》相关规定执行。

本办法关于行政复议期间有关"5日"、"10日"的规定是指工作日,不含法定休假日。

第二十九条 外国人、无国籍人、外国组织在中华人民共和国境内向国家国防科工局申请行政复议,适用本办法。

第三十条 本办法自公布之日起施行。2000年6月2日公布的《国防科学技术工业委员会行政复议实施办法》(原国防科学技术工业委员会令第5号,根据2007年2月7日公布的原国防科学技术工业委员会令第22号修订)同时废止。

地名管理条例实施办法

(2024年3月1日民政部令第71号公布　自2024年5月1日起施行　国司备字[2024010525])

第一条　根据《地名管理条例》(以下简称条例),制定本办法。

第二条　条例第八条规定的地名方案应当以地名命名为重点,统筹规划地名标志设置、地名文化保护等内容。

经依法批准的地名方案由县级以上地方人民政府地名行政主管部门会同有关部门组织实施,不得擅自变更;确需变更的,应当按照规定的程序重新报送批准。

第三条　条例第九条第一款规定的人名应当包括:

(一)本名以及其别名、化名等;

(二)文艺作品中的人物角色名称。

但是地名命名所用的字、词与人名不存在特定联系的除外。

第四条　不以企业名称或者商标名称作地名,但是地名命名所用的字、词与企业名称或者商标名称不存在特定联系的除外。

第五条　条例第十一条第二款规定的综合评估报告应当包括地名命名、更名的合法性、可行性、可控性,可能产生的社会影响、风险以及应对措施等内容;专家论证报告应当包括地名命名、更名的必要性、科学性、合理性,可能存在的风险,对地名命名、更名方案以及组织实施的意见建议等内容;征求意见报告应当包括征求意见的过程和范围,主要意见建议及处理情况等内容。

地名命名、更名由地名批准机关在批准其他事项时一并批准的,相关事项申请材料应当包括条例第十一条规定的内容。

第六条　地名命名、更名备案应当通过国家地名信息库填写备案登记表,并提交下列材料的电子文本:

(一)备案报告;

(二)地名命名、更名批复文件；

(三)条例第十一条规定的申请书以及相关报告。

第七条 县级以上人民政府地名行政主管部门收到备案材料后，应当对备案主体和备案材料进行审查。备案主体不符合规定的，应当指导地名批准机关重新报送；备案材料不齐全或者不符合规定的，应当指导地名批准机关补正。

第八条 地名命名、更名后，县级以上人民政府地名行政主管部门应当按照条例第十四条规定向社会公告。

对于需要重新报送备案或者补正备案材料的，公告时限自收到重新报送备案或者补正备案材料之日起计算。

第九条 地名命名、更名公告应当包括标准地名及其罗马字母拼写、所属政区、位置描述、批准机关、批准时间等内容。

地名命名、更名公告通过政府网站、政务新媒体以及报刊、广播、电视等途径发布，并在国家地名信息库发布。

第十条 地名专名和通名的罗马字母拼写以《汉语拼音方案》作为统一规范。

第十一条 一地多名的地名应当确定一个标准地名，一名多写、一字多音的地名应当确定统一的用字和读音。

地名中的异读音和特殊字应当按照地名的用字读音审定规范审定。地名的用字读音审定规范由国务院地名行政主管部门会同国务院语言文字工作部门制定。

第十二条 少数民族语地名的汉字译名应当符合国务院有关部门制定的少数民族语地名汉字译写规范。

第十三条 外国语地名的汉字译名应当符合国务院地名行政主管部门制定的外国语地名汉字译写规范，由国务院地名行政主管部门会同有关部门审定。

不得直接引用或者擅自转译可能损害我国领土主张和主权权益的外国语地名。

第十四条 少数民族语地名、外国语地名的标准汉字译名的使用应当遵守标准地名使用的有关规定。

少数民族语地名、外国语地名的标准汉字译名通过地名公告、国家地名信息库、标准地名出版物等向社会公布。

第十五条 国务院地名行政主管部门应当加强国家地名信息管理,制定统一的地名信息数据和系统建设规范,推进各地区、各部门间地名信息数据整合、共享和运用,提升地名公共服务水平。

县级以上人民政府地名行政主管部门和其他有关部门应当按照职责权限,及时对国家地名信息库地名信息数据进行更新和维护,确保地名信息数据的完整性、准确性、规范性和现势性。

县级以上地方人民政府地名行政主管部门已有的本级国家地名信息库,应当与国家级国家地名信息库互联互通,实现地名信息及时汇集公布。

第十六条 县级以上地方人民政府地名行政主管部门应当建立健全地名信息资源共建共享机制,强化部门间信息共享和业务协同,依托国家地名信息库促进地名信息广泛应用。

第十七条 县级以上人民政府地名行政主管部门应当会同有关部门依法加强地名信息数据采集、存储、传输、应用等管理,确保地名信息数据安全。

第十八条 地名标志的设置应当布局合理、位置明显、安全可靠,标示的相关信息应当准确规范。

第十九条 地名标志有下列情形之一的,地名标志设置、维护和管理部门应当及时进行更正、维护:

(一)标示的标准地名或者其罗马字母拼写等信息错误的;

(二)安装位置、指位错误的;

(三)版面褪色、被涂改、遮挡,字迹模糊、残缺不全的;

(四)破损、污损、存在安全隐患的;

(五)其他应当予以更正、维护的情形。

第二十条 条例第二十五条规定的地名保护名录应当包括地名文化遗产、历史地名以及其他类别,同一地名可以列入不同类别。

列入地名保护名录的地名信息应当包括标准地名以及罗马字母拼写、含义、来历、沿革、历史文化价值等内容。

地名保护名录应当及时向社会公布,并抄送上一级人民政府地名行政主管部门。

第二十一条　县级以上地方人民政府地名行政主管部门可以采取设立标志、派生命名、活化使用、制作文化产品、开展宣传活动等方式,优先对列入地名保护名录的地名进行保护和合理利用。

第二十二条　条例第二十九条第二款规定的地名管理能力包括制度体系、人才队伍、科技创新、工作条件等。

第二十三条　有权受理备案的地名行政主管部门发现地名批准机关未按时报送备案的,应当进行督促。经督促仍不报送备案的,由国务院地名行政主管部门或者地名批准机关的上一级人民政府地名行政主管部门通知该地名批准机关,限期报送。

地名批准机关为其他有关部门的,有权受理备案的地名行政主管部门应当及时报告上一级人民政府地名行政主管部门。

第二十四条　具有重要地理方位意义的住宅区、楼宇名称和交通运输、水利、电力、通信、气象等设施名称的范围,由有关主管部门结合实际根据职责权限确定。

第二十五条　条例所称的具有重要地理方位意义,是指在一定区域范围内同类地理实体中指位作用相对突出,其名称可供社会公众使用。

条例第九条第一款所称的专名是指地名中为个体地理实体所专有的语词部分,通名是指地名中为同类地理实体所通用的语词部分。

条例第二十四条所称的地名文化遗产,是指具有历史文化价值、体现中华历史文脉并传承使用至今的地名及其相关的文化表现形式。

本办法第二十条所称的历史地名,是指曾经使用但目前已不再使用的地名。

第二十六条　本办法自2024年5月1日起施行。1996年6月18日民政部发布、2010年12月27日民政部令第38号修订的《地名管理条例实施细则》同时废止。

海关总署关于废止《中华人民共和国海关对横琴新区监管办法(试行)》的决定

(2024年3月1日海关总署令第267号公布　自公布之日起施行　国司备字[2024010532])

根据工作实际,现决定废止2013年6月27日海关总署令第209号公布,根据2018年11月23日海关总署令第243号、2023年3月9日海关总署令第262号修改的《中华人民共和国海关对横琴新区监管办法(试行)》。

本决定自公布之日起施行。

国家计量技术规范管理办法

(2024年3月8日国家市场监督管理总局令第89号公布　自2024年5月1日起施行　国司备字[2024010509])

第一章　总　　则

第一条　为了加强国家计量技术规范的管理,保障国家计量单位制的统一和量值的准确可靠,根据《中华人民共和国计量法》等有关法律、行政法规,制定本办法。

第二条　国家计量技术规范的立项、制定、批准发布、实施以及监督管理,适用本办法。

第三条 本办法所称国家计量技术规范,是指由国家市场监督管理总局(以下简称市场监管总局)组织制定并批准发布,在全国范围内实施的计量技术规范,包括国家计量检定系统表、国家计量检定规程、国家计量器具型式评价大纲、国家计量校准规范以及其他国家计量技术规范。

第四条 市场监管总局统一管理国家计量技术规范,负责国家计量技术规范的立项、组织制定、批准发布、组织实施及监督管理。

第五条 制定国家计量技术规范应当有利于提升量值传递与溯源能力、支撑计量管理、促进科技创新、推动产业发展、便利经贸往来、实施国家战略。

第六条 制定国家计量技术规范应当符合国家有关法律、行政法规和部门规章的规定,应当适用范围明确,各项要求科学合理,并兼顾操作的可行性及实施的经济性;除确需保密的项目外,全过程应当公开、透明,广泛征求各方意见。

第七条 积极推动采用国际法制计量组织(OIML)发布的国际计量规范及有关国际组织发布的国际技术文件。采用国际计量技术规范,应当符合国家有关法律法规,坚持结合国情、注重实效的原则。

第八条 市场监管总局组织建立全国专业计量技术委员会、分技术委员会(以下统称技术委员会),承担国家计量技术规范的立项评估、组织起草、征求意见、技术审定、实施效果评估、复审和宣传贯彻工作,承担归口国家计量技术规范的解释工作。

市场监管总局可以根据工作需要,指定相关国家产业计量测试中心、国家专业计量站等机构承担前款规定的相关工作。必要时,市场监管总局可以直接组织起草国家计量技术规范。

第九条 对具有先进性、引领性,实施效果良好,需要在全国范围推广实施的部门、行业和地方计量技术规范,可以由市场监管总局组织审定后,以国家计量技术规范的形式批准发布。

第十条 市场监管总局依法享有国家计量技术规范的版权。

第二章 国家计量技术规范的立项

第十一条 市场监管总局面向社会公开征集国家计量技术规范立项建议。单位和个人可以根据经济社会发展以及计量法制管理需要,向有关技术委员会提出国家计量技术规范的立项建议,也可以直接向市场监管总局提出。

立项建议应当包括制定国家计量技术规范的必要性、可行性、适用范围以及与现行国家计量技术规范的兼容性等。

第十二条 有关技术委员会应当对立项建议进行评估。经评估后认为适合立项的,应当向市场监管总局提出立项申请。

立项申请材料应当包括项目申报书和国家计量技术规范草案。

项目申报书应当包括制定国家计量技术规范的必要性和可行性,国内外技术规范水平现状和发展趋向,与相关国际技术文件的一致性程度分析,关键技术要求或者主要内容,实施条件,进度安排,预期的经济和社会效益等。

第十三条 有关技术委员会对立项建议存在重大分歧的,市场监管总局应当对争议内容研究提出处理意见。

第十四条 市场监管总局决定予以立项的,应当向有关技术委员会下达项目计划。

第十五条 项目计划执行过程中,发现不再适宜制定国家计量技术规范的,应当予以撤销;确属急需制定的,可以增补;特殊情况下,可以调整。

第十六条 撤销、增补、调整项目计划,应当由有关技术委员会提出,经市场监管总局批准后实施。

撤销、增补、调整项目计划未获批准的,有关技术委员会应当按照原批准的计划实施。

第三章 国家计量技术规范的制定

第十七条 技术委员会应当按照国家有关要求组织起草单位实施项目计划。

起草单位负责国家计量技术规范起草的调查研究、试验验证、编制和征求意见处理等工作。

起草单位应当具有专业性和广泛代表性。

第十八条 制定国家计量技术规范应当按照编写规则要求，在调查研究、试验验证的基础上，起草国家计量技术规范征求意见稿、编写说明以及其他有关材料。

在制定检定规程、校准规范和型式评价大纲时，其他有关材料主要包括：

（一）试验报告。对国家计量技术规范规定的技术要求，应当用规定的实验条件、实验方法对其适用范围的对象进行检测，用试验数据证明其科学合理性和可行性。

（二）测量不确定度评定报告。应当用测量不确定度评定方法分析所规定的技术要求、实验条件、实验方法的科学合理性。

（三）如需采用相关国际技术文件，应当提供原文及中文译本。

第十九条 国家计量技术规范征求意见稿和编写说明应当向社会公开征求意见，并向涉及的有关部门、企事业单位、科研机构、社会组织等相关方征求意见。

向社会公开征求意见的期限不得少于三十日。

第二十条 起草单位应当对征集的意见进行处理，形成征求意见汇总表。对征求意见稿修改完善后，形成国家计量技术规范报审稿，报送有关技术委员会。

第二十一条 技术委员会应当按照《全国专业计量技术委员会章程》规定的工作程序，对国家计量技术规范报审稿开展审定。技术委员会应当审定以下内容：

（一）是否符合国家有关法律、行政法规和部门规章的规定；

（二）与相关国际技术文件、国家计量技术规范和国家标准的兼容性；

（三）主要技术内容的科学性、先进性、合理性和可操作性；

（四）国家计量技术规范文本的规范性、严谨性；

（五）试验报告、测量不确定度评定报告的科学合理性；

（六）是否符合公平竞争的规定；

（七）意见采纳情况和重大分歧意见的处理结果。

第二十二条 国家计量技术规范报审稿应当经技术委员会四分之三以上委员同意后，审定通过。起草人员不参加表决。

审定国家计量技术规范应当形成审定意见书，并经参加审定的全体委员签字。审定意见书应当包括审定形式、时间、地点、参加委员名单、对技术规范的审定意见和结论等。

第二十三条 起草单位根据审定意见整理形成报批稿和相关报批材料，经技术委员会审核同意后，报市场监管总局。相关报批材料包括：

（一）国家计量技术规范报批公文；

（二）国家计量技术规范报批表；

（三）编写说明；

（四）征求意见汇总表；

（五）审定意见书；

（六）其他有关材料。

报批材料需要提供试验报告、测量不确定度评定报告、相关国际技术文件的原文和中文译本的，还应当按照有关要求提供。

第二十四条 制定国家计量技术规范，自项目计划下达之日起至材料报送报批的期限一般不得超过二十四个月。不能按照项目计划规定期限报送的，应当提前三十日向市场监管总局申请延期，延长期限不得超过十二个月。

无法继续执行项目计划的，由技术委员会报市场监管总局批准后,终止国家计量技术规范项目。

第四章　国家计量技术规范的批准发布

第二十五条　市场监管总局应当对国家计量技术规范的报批材料进行审查,必要时可以委托有关机构进行审查。审查通过的,由市场监管总局统一编号,以公告形式发布。

第二十六条　国家计量技术规范的编号由代号、顺序号和发布年号组成。

代号"JJG"用于国家计量检定规程和国家计量检定系统表;代号"JJF"用于国家计量校准规范、国家计量器具型式评价大纲和其他国家计量技术规范。

第二十七条　制定国家计量技术规范过程中形成的资料应当由市场监管总局和有关技术委员会分别归档。

第二十八条　国家计量技术规范经批准发布后,由市场监管总局委托的出版机构出版。

市场监管总局按照有关规定公开国家计量技术规范数字化文本。

需要翻译成外文的国家计量技术规范,由有关技术委员会组织翻译和审定;如需出版,应当经市场监管总局批准,由委托的出版机构出版。

第五章　国家计量技术规范的实施与监督管理

第二十九条　国家计量技术规范的发布与实施之间应当设置合理的过渡期。

第三十条　国家计量技术规范发布后,市场监管总局应当组织技术委员会开展国家计量技术规范的宣传贯彻和推广工作。鼓励各级市场监督管理部门、各有关政府部门、行业协会、计量技术机构采用多种形式开展国家计量技术规范的宣传和推广工作。

第三十一条 鼓励各级市场监督管理部门、各有关政府部门、行业协会、计量技术机构和技术委员会在日常工作中收集相关国家计量技术规范实施信息;起草单位应当对已发布的计量技术规范进行有效性跟踪。

鼓励社会公众通过市场监管总局门户网站等渠道反馈国家计量技术规范在实施中产生的问题和意见建议。

第三十二条 市场监管总局建立国家计量技术规范实施效果评估机制,定期组织开展重点领域国家计量技术规范实施效果评估。国家计量技术规范实施效果评估主要包括技术规范的适用性、协调性、技术水平、结构内容、应用状况、实施成效和问题等内容。

第三十三条 市场监管总局委托技术委员会开展国家计量技术规范复审工作。技术委员会应当根据复审情况提出继续有效、修订或者废止的结论,报市场监管总局。复审周期一般不超过五年。

各技术委员会应当密切关注可能影响国家计量技术规范合法性和科学性的国际、国内重大变化情况,或者经济社会和科技发展导致现有国家计量技术规范整体或者部分条款不适用等情况,经研判后及时向市场监管总局提出复审建议。

第三十四条 经复审后的国家计量技术规范,按照下列情形分别处理:

(一)对不需要修订的国家计量技术规范,确认继续有效,由相关技术委员会填写复审意见表,报市场监管总局批准。

(二)对需要修订的国家计量技术规范,由相关技术委员会填写复审意见表,报市场监管总局批准,作为修订项目列入计划;修订的国家计量技术规范顺序号不变,将年号改为修订后批准发布的年号。

(三)对不再符合国家相关法律法规规定或者经济社会发展需

要的国家计量技术规范,由相关技术委员会填写复审意见表,提出废止建议,报市场监管总局批准。拟废止的国家计量技术规范由市场监管总局向社会公开征求意见,征求意见期限不少于三十日。

第三十五条 经过复审确认继续有效或者批准废止的国家计量技术规范目录,由市场监管总局以公告形式发布。

第三十六条 国家计量技术规范发布后,个别技术要求需要调整、补充或者删减的,可以通过修改单进行修改。由起草单位填写修改国家计量技术规范申报表,经相关技术委员会审核同意,报市场监管总局批准,以公告形式发布。国家计量技术规范修改单与技术规范文本具有同等效力。

第六章 附 则

第三十七条 任何单位和个人,未经市场监管总局批准,不得随意改动国家计量技术规范。违反本办法规定的,应当对直接责任人依法依规依纪给予处理。

第三十八条 部门、行业、地方计量技术规范参照本办法执行。

第三十九条 本办法自2024年5月1日起实施。2002年12月31日原国家质量监督检验检疫总局令第36号公布的《国家计量检定规程管理办法》同时废止。

促进和规范数据跨境流动规定

(2024年3月22日国家互联网信息办公室令第16号公布 自公布之日起施行 国司备字[2024010550])

第一条 为了保障数据安全,保护个人信息权益,促进数据依法有序自由流动,根据《中华人民共和国网络安全法》、《中华人民共和国数据安全法》、《中华人民共和国个人信息保护法》等法律法规，对于数据出境安全评估、个人信息出境标准合同、个人信息保护认证等数据出境制度的施行，制定本规定。

第二条 数据处理者应当按照相关规定识别、申报重要数据。未被相关部门、地区告知或者公开发布为重要数据的，数据处理者不需要作为重要数据申报数据出境安全评估。

第三条 国际贸易、跨境运输、学术合作、跨国生产制造和市场营销等活动中收集和产生的数据向境外提供，不包含个人信息或者重要数据的，免予申报数据出境安全评估、订立个人信息出境标准合同、通过个人信息保护认证。

第四条 数据处理者在境外收集和产生的个人信息传输至境内处理后向境外提供，处理过程中没有引入境内个人信息或者重要数据的，免予申报数据出境安全评估、订立个人信息出境标准合同、通过个人信息保护认证。

第五条 数据处理者向境外提供个人信息，符合下列条件之一的，免予申报数据出境安全评估、订立个人信息出境标准合同、通过个人信息保护认证：

（一）为订立、履行个人作为一方当事人的合同，如跨境购物、跨境寄递、跨境汇款、跨境支付、跨境开户、机票酒店预订、签证办理、考试服务等，确需向境外提供个人信息的；

（二）按照依法制定的劳动规章制度和依法签订的集体合同实施跨境人力资源管理，确需向境外提供员工个人信息的；

（三）紧急情况下为保护自然人的生命健康和财产安全，确需向境外提供个人信息的；

（四）关键信息基础设施运营者以外的数据处理者自当年1月1日起累计向境外提供不满10万人个人信息（不含敏感个人信息）的。

前款所称向境外提供的个人信息，不包括重要数据。

第六条 自由贸易试验区在国家数据分类分级保护制度框架

下,可以自行制定区内需要纳入数据出境安全评估、个人信息出境标准合同、个人信息保护认证管理范围的数据清单(以下简称负面清单),经省级网络安全和信息化委员会批准后,报国家网信部门、国家数据管理部门备案。

自由贸易试验区内数据处理者向境外提供负面清单外的数据,可以免予申报数据出境安全评估、订立个人信息出境标准合同、通过个人信息保护认证。

第七条 数据处理者向境外提供数据,符合下列条件之一的,应当通过所在地省级网信部门向国家网信部门申报数据出境安全评估:

(一)关键信息基础设施运营者向境外提供个人信息或者重要数据;

(二)关键信息基础设施运营者以外的数据处理者向境外提供重要数据,或者自当年1月1日起累计向境外提供100万人以上个人信息(不含敏感个人信息)或者1万人以上敏感个人信息。

属于本规定第三条、第四条、第五条、第六条规定情形的,从其规定。

第八条 关键信息基础设施运营者以外的数据处理者自当年1月1日起累计向境外提供10万人以上、不满100万人个人信息(不含敏感个人信息)或者不满1万人敏感个人信息的,应当依法与境外接收方订立个人信息出境标准合同或者通过个人信息保护认证。

属于本规定第三条、第四条、第五条、第六条规定情形的,从其规定。

第九条 通过数据出境安全评估的结果有效期为3年,自评估结果出具之日起计算。有效期届满,需要继续开展数据出境活动且未发生需要重新申报数据出境安全评估情形的,数据处理者可以在有效期届满前60个工作日内通过所在地省级网信部门向国家网信部门提出延长评估结果有效期申请。经国家网信部门批准,可以延长评估结果有效期3年。

第十条　数据处理者向境外提供个人信息的,应当按照法律、行政法规的规定履行告知、取得个人单独同意、进行个人信息保护影响评估等义务。

第十一条　数据处理者向境外提供数据的,应当遵守法律、法规的规定,履行数据安全保护义务,采取技术措施和其他必要措施,保障数据出境安全。发生或者可能发生数据安全事件的,应当采取补救措施,及时向省级以上网信部门和其他有关主管部门报告。

第十二条　各地网信部门应当加强对数据处理者数据出境活动的指导监督,健全完善数据出境安全评估制度,优化评估流程;强化事前事中事后全链条全领域监管,发现数据出境活动存在较大风险或者发生数据安全事件的,要求数据处理者进行整改,消除隐患;对拒不改正或者造成严重后果的,依法追究法律责任。

第十三条　2022年7月7日公布的《数据出境安全评估办法》(国家互联网信息办公室令第11号)、2023年2月22日公布的《个人信息出境标准合同办法》(国家互联网信息办公室令第13号)等相关规定与本规定不一致的,适用本规定。

第十四条　本规定自公布之日起施行。

民用航空计量管理规定

(2024年3月27日交通运输部令2024年第6号公布　自2024年6月1日起施行　国司备字[2024010568])

第一条　为了加强对民航计量工作的监督管理,保障民航量值的准确可靠,根据《中华人民共和国计量法》《中华人民共和国计量法实施细则》等法律、行政法规,制定本规定。

第二条　在中华人民共和国境内开展民航计量器具管理、民航专用计量标准的建立和使用、民航部门计量技术规范制修订等活动,应当遵守本规定。

第三条 民航计量实行国家法定计量单位制度,包括国际单位制计量单位和国家选定的其他计量单位。根据民航的特殊需要,使用非国家法定计量单位的,按照有关规定执行。

第四条 中国民用航空局(以下简称中国民航局)依据职责对民航计量工作实施监督管理。

中国民航局可以委托民航计量技术支持单位具体负责民航领域有关计量实施工作。

第五条 民航计量器具包括通用计量器具和民航专用计量器具。

民航企业、事业单位应当根据需要,对其使用的计量器具进行溯源,保证量值准确可靠。通用计量器具应当溯源至国家计量基准或者社会公用计量标准。民航专用计量器具,应当溯源至民航专用计量标准;进口民航专用计量器具国内无法溯源的,可以采用国际比对的方式进行溯源。

第六条 中国民航局可以根据工作需要,委托民航企业、事业单位建立民航专用计量标准。

建立民航最高专用计量标准的,受委托单位应当通过中国民航局向国务院计量行政部门申请,经国务院计量行政部门主持考核合格后使用。

第七条 建立和使用民航专用计量标准,应当满足下列要求:

(一)经计量检定合格;

(二)具有正常工作所需的环境条件;

(三)具有称职的保存、维护、使用人员;

(四)具有完善的管理制度。

第八条 民航最高专用计量标准依照《中华人民共和国计量法》《中华人民共和国计量法实施细则》等规定,实行强制检定。

民航其他专用计量标准,由使用单位定期自行检定或者送其他计量检定机构检定。

第九条 民航计量检定机构出具的计量数据应当具备准确性和溯源性,符合相关法律法规和计量技术规范要求。

第十条 民航计量检定机构应当建立计量数据、结果以及其他必要信息的追溯机制,对测量过程和条件的相关记录、报告副本应当建立档案。

第十一条 开展强制检定工作的民航计量检定机构,应当通过下列形式获得县级以上人民政府计量行政部门授权:

(一)被授权成为法定计量检定机构;

(二)被授权开展强制检定工作。

执行强制检定任务的计量检定人员,应当获得注册计量师职业资格证书并进行注册。

开展民航专用计量器具计量检定工作应当执行国家计量检定规程或者民航部门计量检定规程。

第十二条 制定民航部门计量技术规范应当遵循下列原则:

(一)符合计量相关法律、行政法规和部门规章的规定;

(二)用于民航专用计量器具或者专用参数;

(三)与国家计量技术规范协调一致。

第十三条 已有国家计量技术规范的,一般不再制定民航部门计量技术规范;对于没有国家计量技术规范的民航专用计量器具,可以制定民航部门计量技术规范。

民航部门计量技术规范由中国民航局组织制定并发布。

第十四条 民航部门计量技术规范免费向社会公开。

第十五条 对具有技术创新或者自主知识产权、技术水平较高以及取得显著效益的民航部门计量技术规范,按照国家有关规定给予奖励。

第十六条 中国民航局依据职责对民航计量器具管理、民航专用计量标准建立和使用开展监督检查。

第十七条 民航企业、事业单位有下列行为之一的,由民航行

政机关责令限期改正;逾期不改正的,予以警告;情节严重的,处1万元以上3万元以下的罚款:

(一)违反本规定开展计量检定活动;

(二)违反本规定对民航计量器具、民航专用计量标准进行量值溯源。

第十八条 违反本规定,《中华人民共和国计量法》《中华人民共和国计量法实施细则》等法律、行政法规对其处罚有明确规定的,从其规定。

第十九条 本规定中下列用语的含义是:

(一)民航专用计量器具,是指为满足民航特殊需要在民航行业范围内使用的计量器具。

(二)民航计量检定机构,是指承担民航领域计量检定工作的法人组织。

(三)民航计量技术支持单位,是指受中国民航局委托,开展民航计量技术实施的法人组织。

(四)民航行政机关,包括中国民航局和民航地区管理局。

第二十条 本规定自2024年6月1日起施行。原中国民用航空总局于1996年10月11日公布的《中国民用航空计量管理规定》(民航总局令第55号)同时废止。

应急管理部行政复议和行政应诉工作办法

(2024年4月4日应急管理部令第15号公布 自2024年6月1日起施行 国司备字[2024010544])

第一章 总 则

第一条 为规范应急管理部行政复议和行政应诉工作,依法履行行政复议和行政应诉职责,发挥行政复议化解行政争议的主渠道作用,保护公民、法人和其他组织的合法权益,根据《中华人民共和国行政复议法》《中华人民共和国行政诉讼法》等规定,制定本办法。

第二条 应急管理部办理行政复议案件、行政应诉事项,适用本办法。

国家消防救援局、国家矿山安全监察局、中国地震局办理法定管辖的行政复议案件、行政应诉事项,参照本办法的相关规定执行。

第三条 应急管理部法制工作机构是应急管理部行政复议机构(以下简称行政复议机构),负责办理应急管理部行政复议事项;应急管理部法制工作机构同时组织办理应急管理部行政应诉有关事项。

第四条 应急管理部履行行政复议、行政应诉职责,遵循合法、公正、公开、高效、便民、为民的原则,坚持有错必纠,尊重并执行法院生效裁判,保障法律、法规的正确实施。

第二章 行政复议申请

第五条 公民、法人或者其他组织可以依照《中华人民共和国行政复议法》第十一条规定的行政复议范围,向应急管理部申请行政复议。

第六条 下列事项不属于行政复议范围:

(一)国防、外交等国家行为;

(二)行政法规、规章或者应急管理部制定、发布的具有普遍约束力的决定、命令等规范性文件;

(三)应急管理部对本机关工作人员的奖惩、任免等决定;

(四)应急管理部对民事纠纷作出的调解。

第七条 公民、法人或者其他组织认为应急管理部的行政行为所依据的有关规范性文件(不含规章)不合法,在对行政行为申请行政复议时,可以一并向应急管理部提出对该规范性文件的附带审查申请。

第八条 依法申请行政复议的公民、法人或者其他组织是申请人。

申请人以外的同被申请行政复议的行政行为或者行政复议案件处理结果有利害关系的公民、法人或者其他组织,可以作为第三人申请参加行政复议,或者由行政复议机构通知其作为第三人参加行政复议。

第三人不参加行政复议,不影响行政复议案件的审理。

第九条 申请人、第三人可以委托1至2名律师、基层法律服务工作者或者其他代理人代为参加行政复议。

申请人、第三人委托代理人的,应当向行政复议机构提交授权委托书、委托人及被委托人的身份证明文件。授权委托书应当载明委托事项、权限和期限。申请人、第三人变更或者解除代理人权限的,应当书面告知行政复议机构。

第十条 公民、法人或者其他组织对应急管理部作出的行政行为不服申请行政复议的,应急管理部是被申请人;对应急管理部管理的法律、行政法规、部门规章授权的组织作出的行政行为不服申请行政复议的,该组织是被申请人。

应急管理部与其他行政机关以共同的名义作出同一行政行为的,应急管理部与共同作出行政行为的行政机关是被申请人。

应急管理部委托的组织作出行政行为的,应急管理部是被申请人。

第十一条 应急管理部为被申请人的,由原承办该行政行为有关事项的司局(单位)提出书面答复。应急管理部管理的法律、行政法规、部门规章授权的组织为被申请人的,由该组织提出书面答复。

第十二条 公民、法人或者其他组织认为行政行为侵犯其合法权益的,符合行政复议法律法规和本办法规定的管辖和受理情形的,可以自知道或者应当知道该行政行为之日起60日内向应急管理部提出行政复议申请;但是法律规定的申请期限超过60日的除外。

因不可抗力或者其他正当理由耽误法定申请期限的,申请期限自障碍消除之日起继续计算。

有关行政行为作出时,未告知公民、法人或者其他组织申请行政复议的权利、行政复议机关和申请期限的,申请期限自公民、法人或者其他组织知道或者应当知道申请行政复议的权利、行政复议机关和申请期限之日起计算,但是自知道或者应当知道行政行为内容之日起最长不得超过一年。

第十三条 因不动产提出的行政复议申请自行政行为作出之日起超过二十年,其他行政复议申请自行政行为作出之日起超过五年的,应急管理部不予受理。

第十四条 申请人申请行政复议,可以书面申请;书面申请有困难的,也可以口头申请。

书面申请的,可以通过邮寄或者应急管理部指定的互联网渠道等方式提交行政复议申请书,也可以当面提交行政复议申请书。

口头申请的,应急管理部应当当场记录申请人的基本情况、行政复议请求、申请行政复议的主要事实、理由和时间。

申请人对两个以上行政行为不服的,应当分别申请行政复议。

第十五条 应急管理部管辖下列行政复议案件:

(一)对应急管理部作出的行政行为不服的;

(二)对应急管理部依法设立的派出机构依照法律、行政法规、部门规章规定,以派出机构的名义作出的行政行为不服的;

(三)对应急管理部管理的法律、行政法规、部门规章授权的组织作出的行政行为不服的。

第三章 行政复议受理、审理和决定

第一节 行政复议受理

第十六条 应急管理部收到行政复议申请后,应当在5日内进行审查。对符合下列规定的,应当予以受理:

(一)有明确的申请人和符合《中华人民共和国行政复议法》规定的被申请人;

(二)申请人与被申请行政复议的行政行为有利害关系;

(三)有具体的行政复议请求和理由;

(四)在法定申请期限内提出;

(五)属于《中华人民共和国行政复议法》规定的行政复议范围;

(六)属于应急管理部的管辖范围;

(七)行政复议机关未受理过该申请人就同一行政行为提出的行政复议申请,并且人民法院未受理过该申请人就同一行政行为提起的行政诉讼。

对不符合前款规定的行政复议申请,应急管理部应当在审查期限内决定不予受理并说明理由;不属于应急管理部管辖的,还应当在不予受理决定中告知申请人有管辖权的行政复议机关。

行政复议申请的审查期限届满,应急管理部未作出不予受理决定的,审查期限届满之日起视为受理。

第十七条 行政复议申请材料不齐全或者表述不清楚,无法判断行政复议申请是否符合本办法第十六条第一款规定的,应急管理部应当自收到申请之日起5日内书面通知申请人补正。补正通知应当一次性载明需要补正的事项。

申请人应当自收到补正通知之日起10日内提交补正材料。有正当理由不能按期补正的,应急管理部可以延长合理的补正期限。无正当理由逾期不补正的,视为申请人放弃行政复议申请,并记录在案。

应急管理部收到补正材料后,依照本办法第十六条的规定处理。

第十八条 应急管理部受理行政复议申请后,发现该行政复议申请不符合本办法第十六条第一款规定的,应当依法决定驳回申请并说明理由。

第二节 行政复议审理

第十九条 应急管理部受理行政复议申请后,依照《中华人民共和国行政复议法》适用普通程序或者简易程序进行审理。行政复议机构应当指定行政复议人员负责办理行政复议案件。

行政复议人员对办理行政复议案件过程中知悉的国家秘密、商业秘密和个人隐私,应当予以保密。

第二十条 应急管理部依照法律、法规、规章审理行政复议案件。

第二十一条 行政复议期间有《中华人民共和国行政复议法》第三十九条规定的情形之一的,行政复议中止。行政复议中止的原因消除后,应当及时恢复行政复议案件的审理。

中止、恢复行政复议案件的审理,应急管理部应当书面告知当事人。

第二十二条 行政复议期间有《中华人民共和国行政复议法》第四十一条规定的情形之一的,行政复议终止。

第二十三条 行政复议期间行政行为不停止执行;但是有《中华人民共和国行政复议法》第四十二条规定的情形之一的,应当停止执行。

第二十四条 被申请人对其作出的行政行为的合法性、适当性负有举证责任。

有下列情形之一的,申请人应当提供证据:

(一)认为被申请人不履行法定职责的,提供曾经要求被申请

人履行法定职责的证据,但是被申请人应当依职权主动履行法定职责或者申请人因正当理由不能提供的除外;

（二）提出行政赔偿请求的,提供受行政行为侵害而造成损害的证据,但是因被申请人原因导致申请人无法举证的,由被申请人承担举证责任;

（三）法律、法规规定需要申请人提供证据的其他情形。

有关证据经行政复议机构审查属实,才能作为认定行政复议案件事实的根据。

第二十五条 行政复议期间,被申请人不得自行向申请人和其他有关单位或者个人收集证据;自行收集的证据不作为认定行政行为合法性、适当性的依据。

行政复议期间,申请人或者第三人提出被申请行政复议的行政行为作出时没有提出的理由或者证据的,经行政复议机构同意,被申请人可以补充证据。

第二十六条 行政复议期间,申请人、第三人及其委托代理人可以按照规定查阅、复制被申请人提出的书面答复、作出行政行为的证据、依据和其他有关材料,除涉及国家秘密、商业秘密、个人隐私或者可能危及国家安全、公共安全、社会稳定的情形外,行政复议机构应当同意。

第二十七条 适用普通程序审理的行政复议案件,行政复议机构应当自行政复议申请受理之日起7日内,将行政复议申请书副本或者行政复议申请笔录复印件发送本办法第十一条规定的承办司局（单位）或者授权的组织。有关承办司局（单位）或者授权的组织应当自收到行政复议申请书副本或者行政复议申请笔录复印件之日起10日内提出书面答复,制作行政复议答复书,并提交作出行政行为的证据、依据和其他有关材料,径送行政复议机构。

行政复议答复书应当载明下列事项:

（一）作出行政行为的事实依据及有关的证据材料;

（二）作出行政行为所依据的法律、法规、规章和规范性文件的具体条款；

（三）对申请人具体复议请求的意见和理由；

（四）作出答复的日期。

提交的证据材料应当分类编号，并简要说明证据材料的来源、证明对象和内容。

应急管理部管理的法律、行政法规、部门规章授权的组织为被申请人的，行政复议答复书还应当载明被申请人的名称、地址和法定代表人的姓名、职务。

第二十八条 适用普通程序审理的行政复议案件，行政复议机构应当面或者通过互联网、电话等方式听取当事人的意见，并将听取的意见记录在案。因当事人原因不能听取意见的，可以书面审理。

第二十九条 审理重大、疑难、复杂的行政复议案件，行政复议机构应当依法组织听证。

行政复议机构认为有必要听证，或者申请人请求听证的，行政复议机构可以组织听证。

申请人无正当理由拒不参加听证的，视为放弃听证权利。

被申请人的负责人应当参加听证。不能参加的，应当说明理由并委托相应的工作人员参加听证。

第三十条 行政复议机构组织听证的，按照下列程序进行：

（一）行政复议机构应当于举行听证的 5 日前将听证的时间、地点和拟听证事项等书面通知当事人；

（二）听证由一名行政复议人员任主持人，两名以上行政复议人员任听证员，一名记录员制作听证笔录；

（三）举行听证时，被申请人应当提供书面答复及相关证据、依据等材料，证明其行政行为的合法性、适当性，申请人、第三人可以提出证据进行申辩和质证；

（四）听证笔录应当经听证参加人确认无误后签字或者盖章。

第三十一条 应急管理部审理下列行政复议案件，认为事实

清楚、权利义务关系明确、争议不大的,可以适用简易程序:

(一)被申请行政复议的行政行为是当场作出;

(二)被申请行政复议的行政行为是警告或者通报批评;

(三)案件涉及款额三千元以下;

(四)属于政府信息公开案件。

除前款规定以外的行政复议案件,当事人各方同意适用简易程序的,可以适用简易程序。

适用简易程序审理的行政复议案件,行政复议机构应当自受理行政复议申请之日起3日内,将行政复议申请书副本或者行政复议申请笔录复印件发送本办法第十一条规定的承办司局(单位)或者授权的组织。有关承办司局(单位)或者授权的组织应当自收到行政复议申请书副本或者行政复议申请笔录复印件之日起5日内,提出书面答复,制作行政复议答复书,并提交作出行政行为的证据、依据和其他有关材料,径送行政复议机构。

适用简易程序审理的行政复议案件,可以书面审理。

第三十二条 适用简易程序审理的行政复议案件,行政复议机构认为不宜适用简易程序的,经行政复议机构的负责人批准,可以转为普通程序审理。

第三节 行政复议决定

第三十三条 应急管理部依法审理行政复议案件,由行政复议机构对行政行为进行审查,提出意见,经应急管理部负责人同意或者集体讨论通过后,依照《中华人民共和国行政复议法》的相关规定,以应急管理部的名义作出变更行政行为、撤销或者部分撤销行政行为、确认行政行为违法、责令被申请人在一定期限内履行法定职责、确认行政行为无效、维持行政行为等行政复议决定。

应急管理部依法对行政协议争议、行政赔偿事项等进行处理,作出有关行政复议决定。

应急管理部不得作出对申请人更为不利的变更决定,但是第三人提出相反请求的除外。

第三十四条 适用普通程序审理的行政复议案件,应急管理部应当自受理申请之日起60日内作出行政复议决定;但是法律规定的行政复议期限少于60日的除外。情况复杂,不能在规定期限内作出行政复议决定的,经行政复议机构的负责人批准,可以适当延长,并书面告知当事人;但是延长期限最多不得超过30日。

适用简易程序审理的行政复议案件,应急管理部应当自受理申请之日起30日内作出行政复议决定。

第三十五条 应急管理部办理行政复议案件,可以进行调解。

调解应当遵循合法、自愿的原则,不得损害国家利益、社会公共利益和他人合法权益,不得违反法律、法规的强制性规定。

当事人经调解达成协议的,应急管理部应当制作行政复议调解书,经各方当事人签字或者签章,并加盖应急管理部印章,即具有法律效力。

调解未达成协议或者调解书生效前一方反悔的,应急管理部应当依法审查或者及时作出行政复议决定。

第三十六条 当事人在行政复议决定作出前可以自愿达成和解,和解内容不得损害国家利益、社会公共利益和他人合法权益,不得违反法律、法规的强制性规定。

当事人达成和解后,由申请人向行政复议机构撤回行政复议申请。行政复议机构准予撤回行政复议申请、行政复议机关决定终止行政复议的,申请人不得再以同一事实和理由提出行政复议申请。但是,申请人能够证明撤回行政复议申请违背其真实意愿的除外。

第三十七条 应急管理部作出行政复议决定,应当制作行政复议决定书,并加盖应急管理部印章。

行政复议决定书一经送达,即发生法律效力。

第三十八条 应急管理部根据被申请行政复议的行政行为的公开情况,按照国家有关规定将行政复议决定书向社会公开。

第四章 行政应诉

第三十九条 人民法院送达的行政应诉通知书等应诉材料由应急管理部法制工作机构统一接收。公文收发部门或者其他司局（单位）收到有关材料的，应当于1日内转送应急管理部法制工作机构。

第四十条 应急管理部法制工作机构接到行政应诉通知书等应诉材料5日内，应当组织协调有关司局（单位）共同研究拟订行政应诉方案，确定出庭应诉人员。

有关司局（单位）应当指派专人负责案件调查、收集证据材料，提出初步答辩意见，协助应急管理部法制工作机构组织开展应诉工作。

应急管理部法制工作机构起草行政诉讼答辩状后，按照程序需要有关司局（单位）会签的，有关司局（单位）应当在2日内会签完毕。

第四十一条 应急管理部法制工作机构提出一名代理人，有关司局（单位）提出一名代理人，按照程序报请批准后，作为行政诉讼代理人；必要时，可以委托律师担任行政诉讼代理人，但不得仅委托律师出庭。

应急管理部法制工作机构负责为行政诉讼代理人办理授权委托书等材料。

第四十二条 在人民法院一审判决书或者裁定书送达后，应急管理部法制工作机构应当组织协调有关司局（单位）提出是否上诉的意见，按照程序报请审核。决定上诉的，提出上诉状，在法定期限内向人民法院提交。

对人民法院已发生法律效力的判决、裁定，应急管理部法制工作机构可以组织协调有关司局（单位）提出是否申请再审的意见，按照程序报请审核。决定申请再审的，提出再审申请书，在法定期限内向人民法院提交。

第四十三条 在行政诉讼过程中人民法院发出司法建议书、人民检察院发出检察建议书的,由应急管理部法制工作机构统一接收。经登记后转送有关司局(单位)办理。

有关司局(单位)应当在收到司法建议书、检察建议书之日起20日内拟出答复意见,经应急管理部法制工作机构审核后,按照程序报请审核,并在规定期限内回复人民法院、人民检察院。人民法院、人民检察院对回复时限另有规定的除外。

第五章 附 则

第四十四条 行政机关及其工作人员违反《中华人民共和国行政复议法》规定的,应急管理部可以向监察机关或者公职人员任免机关、单位移送有关人员违法的事实材料,接受移送的监察机关或者公职人员任免机关、单位应当依法处理。

应急管理部在办理行政复议案件过程中,发现公职人员涉嫌贪污贿赂、失职渎职等职务违法或者职务犯罪的问题线索,应当依照有关规定移送监察机关,由监察机关依法调查处置。

第四十五条 应急管理部对不属于本机关受理的行政复议申请,能够明确属于国家消防救援局、国家矿山安全监察局、中国地震局职责范围的,应当将该申请转送有关部门,并告知申请人。

第四十六条 本办法关于行政复议、行政应诉期间有关"1日""2日""3日""5日""7日""10日"的规定是指工作日,不含法定休假日。

第四十七条 本办法自2024年6月1日起施行。原国家安全生产监督管理总局2007年10月8日公布的《安全生产行政复议规定》同时废止。

司法解释

最高人民法院关于办理减刑、假释案件审查财产性判项执行问题的规定

（2024年1月3日最高人民法院审判委员会第1910次会议通过 2024年4月29日最高人民法院公告公布 自2024年5月1日起施行 法释〔2024〕5号）

为确保依法公正办理减刑、假释案件，正确处理减刑、假释与财产性判项执行的关系，根据《中华人民共和国刑法》、《中华人民共和国刑事诉讼法》等法律规定，结合司法实践，制定本规定。

第一条 人民法院办理减刑、假释案件必须审查原生效刑事或者刑事附带民事裁判中财产性判项的执行情况，以此作为判断罪犯是否确有悔改表现的因素之一。

财产性判项是指生效刑事或者刑事附带民事裁判中确定罪犯承担的被依法追缴、责令退赔、罚金、没收财产判项，以及民事赔偿义务等判项。

第二条 人民法院审查财产性判项的执行情况，应将执行法院出具的结案通知书、缴付款票据、执行情况说明等作为审查判断的依据。

人民法院判决多名罪犯对附带民事赔偿承担连带责任的，只要其中部分人履行全部赔偿义务，即可认定附带民事赔偿判项已经执行完毕。

罪犯亲属代为履行财产性判项的，视为罪犯本人履行。

第三条 财产性判项未执行完毕的，人民法院应当着重审查

罪犯的履行能力。

罪犯的履行能力应根据财产性判项的实际执行情况,并结合罪犯的财产申报、实际拥有财产情况,以及监狱或者看守所内消费、账户余额等予以判断。

第四条　罪犯有财产性判项履行能力的,应在履行后方可减刑、假释。

罪犯确有履行能力而不履行的,不予认定其确有悔改表现,除法律规定情形外,一般不予减刑、假释。

罪犯确无履行能力的,不影响对其确有悔改表现的认定。

罪犯因重大立功减刑的,依照相关法律规定处理,一般不受财产性判项履行情况的影响。

第五条　财产性判项未执行完毕的减刑、假释案件,人民法院在受理时应当重点审查下列材料:

(一)执行裁定、缴付款票据、有无拒不履行或者妨害执行行为等有关财产性判项执行情况的材料;

(二)罪犯对其个人财产的申报材料;

(三)有关组织、单位对罪犯实际拥有财产情况的说明;

(四)不履行财产性判项可能承担不利后果的告知材料;

(五)反映罪犯在监狱、看守所内消费及账户余额情况的材料;

(六)其他反映罪犯财产性判项执行情况的材料。

上述材料不齐备的,应当通知报请减刑、假释的刑罚执行机关在七日内补送,逾期未补送的,不予立案。

第六条　财产性判项未履行完毕,具有下列情形之一的,应当认定罪犯确有履行能力而不履行:

(一)拒不交代赃款、赃物去向的;

(二)隐瞒、藏匿、转移财产的;

(三)妨害财产性判项执行的;

(四)拒不申报或者虚假申报财产情况的。

罪犯采取借名、虚报用途等手段在监狱、看守所内消费的,或者无特殊原因明显超出刑罚执行机关规定额度标准消费的,视为其确有履行能力而不履行。

上述情形消失或者罪犯财产性判项执行完毕六个月后方可依法减刑、假释。

第七条 罪犯经执行法院查控未发现有可供执行财产,且不具有本规定第六条所列情形的,应认定其确无履行能力。

第八条 罪犯被判处的罚金被执行法院裁定免除的,其他财产性判项未履行完毕不影响对其确有悔改表现的认定,但罪犯确有履行能力的除外。

判决确定分期缴纳罚金,罪犯没有出现期满未缴纳情形的,不影响对其确有悔改表现的认定。

第九条 判处没收财产的,判决生效后,应当立即执行,所执行财产为判决生效时罪犯个人合法所有的财产。除具有本规定第六条第一款所列情形外,没收财产判项执行情况一般不影响对罪犯确有悔改表现的认定。

第十条 承担民事赔偿义务的罪犯,具有下列情形之一的,不影响对其确有悔改表现的认定:

(一)全额履行民事赔偿义务,附带民事诉讼原告人下落不明或者拒绝接受,对履行款项予以提存的;

(二)分期履行民事赔偿义务,没有出现期满未履行情形的;

(三)附带民事诉讼原告人对罪犯表示谅解,并书面放弃民事赔偿的。

第十一条 因犯罪行为造成损害,受害人单独提起民事赔偿诉讼的,人民法院办理减刑、假释案件时应对相关生效民事判决确定的赔偿义务判项执行情况进行审查,并结合本规定综合判断罪犯是否确有悔改表现。

承担民事赔偿义务的罪犯,同时被判处罚金或者没收财产的,应当先承担民事赔偿义务。对财产不足以承担全部民事赔偿义务及罚金、没收财产的罪犯,如能积极履行民事赔偿义务的,在认定其是否确有悔改表现时应予以考虑。

第十二条　对职务犯罪、破坏金融管理秩序和金融诈骗犯罪、组织(领导、参加、包庇、纵容)黑社会性质组织犯罪等罪犯,不积极退赃、协助追缴赃款赃物、赔偿损失的,不认定其确有悔改表现。

第十三条　人民法院将罪犯交付执行刑罚时,对生效裁判中有财产性判项的,应当将财产性判项实际执行情况的材料一并移送刑罚执行机关。

执行财产性判项的人民法院收到刑罚执行机关核实罪犯财产性判项执行情况的公函后,应当在七日内出具相关证明,已经执行结案的,应当附有关法律文书。

执行财产性判项的人民法院在执行过程中,发现财产性判项未执行完毕的罪犯具有本规定第六条第一款第(一)(二)(三)项所列情形的,应当及时将相关情况通报刑罚执行机关。

第十四条　人民法院办理减刑、假释案件中发现罪犯确有履行能力而不履行的,裁定不予减刑、假释,或者依法由刑罚执行机关撤回减刑、假释建议。

罪犯被裁定减刑、假释后,发现其确有履行能力的,人民法院应当继续执行财产性判项;发现其虚假申报、故意隐瞒财产,情节严重的,人民法院应当撤销该减刑、假释裁定。

第十五条　本规定自2024年5月1日起施行,此前发布的司法解释与本规定不一致的,以本规定为准。

附：

2024年4月份报国务院备案并予以登记的地方性法规、自治条例、单行条例和地方政府规章目录

地方性法规

法规名称	公布日期	备案登记编号
北京市人民代表大会常务委员会关于废止《北京市行政性事业性收费管理条例》的决定	2024年3月29日	国司备字〔2024010618〕
北京市人民代表大会常务委员会关于修改《北京市机动车停车条例》等二部地方性法规的决定	2024年3月29日	国司备字〔2024010619〕
河北省安全生产条例	2024年3月28日	国司备字〔2024010586〕
河北省电力条例	2024年3月28日	国司备字〔2024010587〕
河北省人民代表大会常务委员会关于修改《河北省多元化解纠纷条例》等六部法规的决定	2024年3月28日	国司备字〔2024010588〕
唐山市节约用水若干规定	2024年4月1日	国司备字〔2024010589〕
邯郸市爱国卫生条例	2024年4月5日	国司备字〔2024010590〕
廊坊市餐厨废弃物管理条例	2024年4月9日	国司备字〔2024010591〕
保定市全民健身条例	2024年4月1日	国司备字〔2024010592〕

续表

法规名称	公布日期	备案登记编号
保定市文明行为促进条例	2024年4月1日	国司备字〔2024010593〕
邢台市快递业发展促进条例	2024年4月10日	国司备字〔2024010594〕
秦皇岛市国际一流旅游城市促进条例	2024年4月1日	国司备字〔2024010599〕
承德市社会信用促进条例	2024年4月12日	国司备字〔2024010595〕
衡水市爱国卫生条例	2024年4月12日	国司备字〔2024010596〕
长治市中小学校幼儿园规划建设条例	2024年2月1日	国司备字〔2024010500〕
辽宁省人民代表大会常务委员会关于废止《辽宁省农业资源综合管理与保护条例》等三件地方性法规的决定	2024年3月29日	国司备字〔2024010620〕
辽宁省人民代表大会常务委员会关于修改《辽宁省矿产资源管理条例》的决定	2024年3月29日	国司备字〔2024010621〕
吉林省肉牛种业管理条例	2024年3月28日	国司备字〔2024010603〕
吉林省气象信息服务条例	2024年3月28日	国司备字〔2024010604〕
吉林省实施《中华人民共和国反恐怖主义法》办法	2024年3月28日	国司备字〔2024010605〕
吉林省人民代表大会常务委员会关于废止《吉林省行政复议条例》等3部地方性法规的决定	2024年3月28日	国司备字〔2024010606〕
长春市乡村振兴促进条例	2024年4月16日	国司备字〔2024010607〕
长春市养老服务条例	2024年4月16日	国司备字〔2024010608〕

续表

法规名称	公布日期	备案登记编号
长春市人民代表大会常务委员会关于修改和废止《长春市森林资源管理条例》等8件地方性法规的决定	2024年4月2日	国司备字〔2024010609〕
辽源市城乡社区治理促进条例	2024年4月1日	国司备字〔2024010610〕
通化市人民代表大会议事规则	2024年4月2日	国司备字〔2024010611〕
通化市人民代表大会常务委员会议事规则	2024年4月2日	国司备字〔2024010612〕
通化市人民代表大会常务委员会主任会议工作规则	2024年4月2日	国司备字〔2024010613〕
白山市石人血泪山保护条例	2024年4月7日	国司备字〔2024010614〕
白城市反餐饮浪费条例	2024年4月3日	国司备字〔2024010615〕
白城市农村人居环境治理条例	2024年4月3日	国司备字〔2024010616〕
松原市人民代表大会常务委员会关于《松原市爱国卫生条例》第十八条的解释	2024年4月3日	国司备字〔2024010617〕
上海市无废城市建设条例	2024年3月27日	国司备字〔2024010542〕
上海市促进长三角生态绿色一体化发展示范区高质量发展条例	2024年3月29日	国司备字〔2024010543〕
福建省妇女权益保障条例	2024年3月27日	国司备字〔2024010577〕
福建省促进首台(套)技术装备推广应用条例	2024年3月27日	国司备字〔2024010578〕
福建省固体废物污染环境防治条例	2024年3月27日	国司备字〔2024010579〕
福建省机关效能建设工作条例	2024年3月27日	国司备字〔2024010580〕

续表

法规名称	公布日期	备案登记编号
福建省人民代表大会常务委员会关于修改《福建省村集体财务管理条例》《福建省土地监察条例》两项涉及行政复议的地方性法规的决定	2024年3月27日	国司备字[2024010581]
福州市全域治水条例	2024年4月1日	国司备字[2024010582]
厦门市人民代表大会常务委员会关于修改《厦门市农村集体财务审计条例》的决定	2024年4月1日	国司备字[2024010583]
江西省先进制造业促进条例	2024年3月26日	国司备字[2024010626]
山东省科学技术进步条例	2024年3月27日	国司备字[2024010569]
山东省黄河保护条例	2024年3月27日	国司备字[2024010627]
青岛市安全生产条例	2024年3月27日	国司备字[2024010570]
淄博市人民代表大会常务委员会关于废止《淄博市市政工程设施管理办法》的决定	2024年4月3日	国司备字[2024010571]
淄博市人民代表大会常务委员会关于修改《淄博市水资源保护管理条例》等两件地方性法规的决定	2024年4月3日	国司备字[2024010572]
菏泽市优化营商环境条例	2024年4月1日	国司备字[2024010573]
河南省人民代表大会专门委员会工作条例	2024年3月29日	国司备字[2024010623]
河南省中小微企业发展促进条例	2024年4月2日	国司备字[2024010624]
河南省人民代表大会常务委员会关于修改《河南省大气污染防治条例》《河南省母婴保健条例》等十四部地方性法规的决定	2024年4月1日	国司备字[2024010625]

续表

法规名称	公布日期	备案登记编号
湖北省行政事业性国有资产监督管理条例	2024年3月27日	国司备字〔2024010558〕
湖北省科学技术进步条例	2024年3月27日	国司备字〔2024010559〕
湖北省平安建设条例	2024年3月27日	国司备字〔2024010560〕
湖南省城镇居民住宅区消防安全管理若干规定	2024年3月28日	国司备字〔2024010505〕
湖南省政府投资建设工程造价管理若干规定	2024年3月28日	国司备字〔2024010529〕
广东省法律援助条例	2024年3月29日	国司备字〔2024010523〕
深圳市人民代表大会常务委员会关于修改《深圳经济特区道路交通安全管理条例》的决定	2024年3月7日	国司备字〔2024010493〕
深圳经济特区审计监督条例	2024年3月7日	国司备字〔2024010494〕
广西壮族自治区精神卫生条例	2024年3月28日	国司备字〔2024010531〕
广西壮族自治区人民代表大会常务委员会关于废止《广西壮族自治区实施领导干部、企业领导人员任期经济责任审计条例》的决定	2024年3月28日	国司备字〔2024010548〕
广西壮族自治区人民代表大会常务委员会关于修改《广西壮族自治区实施〈中华人民共和国人民防空法〉办法》等七件地方性法规的决定	2024年3月28日	国司备字〔2024010551〕
广西壮族自治区安全生产条例	2024年3月28日	国司备字〔2024010555〕
海南省人民代表大会常务委员会关于修改《海南省城镇园林绿化条例》的决定	2024年3月20日	国司备字〔2024010495〕

续表

法规名称	公布日期	备案登记编号
海南省人民代表大会常务委员会关于修改《海南省城市市政设施管理条例》等二件法规的决定	2024年3月20日	国司备字〔2024010496〕
海南省人民代表大会常务委员会关于废止《海南经济特区商品交易市场管理条例》的决定	2024年3月20日	国司备字〔2024010497〕
海南省乡村振兴促进规定	2024年3月20日	国司备字〔2024010498〕
海南省人民代表大会关于实施民生实事项目人大代表票决制的决定	2024年1月25日	国司备字〔2024010536〕
海南省海岸治安管理规定	2024年4月1日	国司备字〔2024010622〕
海口市人民代表大会议事规则	2024年3月26日	国司备字〔2024010600〕
海口市法律援助若干规定	2024年3月26日	国司备字〔2024010601〕
三亚市电梯安全管理规定	2024年3月22日	国司备字〔2024010554〕
三沙市人民代表大会常务委员会人事任免规定	2024年1月1日	国司备字〔2024010537〕
白沙黎族自治县水资源保护若干规定	2024年3月29日	国司备字〔2024010602〕
重庆市消防条例	2024年3月28日	国司备字〔2024010539〕
重庆市安全生产条例	2024年3月28日	国司备字〔2024010541〕
重庆市中小企业促进条例	2024年3月28日	国司备字〔2024010545〕
重庆市矛盾纠纷多元化解促进条例	2024年3月28日	国司备字〔2024010546〕

续表

法规名称	公布日期	备案登记编号
重庆市各级人民代表大会常务委员会规范性文件备案审查条例	2024年3月28日	国司备字[2024010547]
贵州省司法鉴定条例	2024年3月26日	国司备字[2024010520]
贵州省农村供水条例	2024年3月26日	国司备字[2024010521]
贵州省实施《中华人民共和国妇女权益保障法》办法	2024年3月26日	国司备字[2024010522]
贵阳市城镇居住区配套养老服务设施建设管理规定	2024年4月1日	国司备字[2024010556]
安顺市人民代表大会关于修改《安顺市地方立法条例》的决定	2024年3月28日	国司备字[2024010557]
云南省红十字会条例	2024年3月27日	国司备字[2024010512]
云南省人民代表大会常务委员会关于废止《云南省行政复议条例》的决定	2024年3月27日	国司备字[2024010513]
昭通市乡村清洁条例	2024年3月28日	国司备字[2024010597]
德宏傣族景颇族自治州野生鸟类保护条例	2024年4月2日	国司备字[2024010530]
大理白族自治州人民代表大会常务委员会关于弥渡民歌保护传承的决定	2024年4月8日	国司备字[2024010598]
西藏自治区安全生产条例	2024年3月29日	国司备字[2024010533]
日喀则市人民代表大会议事规则	2024年3月30日	国司备字[2024010534]
那曲市市容和环境卫生管理条例	2024年4月2日	国司备字[2024010535]
陕西省知识产权保护和促进条例	2024年3月26日	国司备字[2024010584]

续表

法规名称	公布日期	备案登记编号
《陕西省人民代表大会常务委员会关于修改〈陕西省地下水条例〉的决定》《陕西省人民代表大会常务委员会关于修改〈陕西省实施《中华人民共和国防洪法》办法〉的决定》《陕西省人民代表大会常务委员会关于修改〈陕西省实施《中华人民共和国渔业法》办法〉的决定》	2024年3月26日	国司备字〔2024010585〕
甘肃省高标准农田建设管理条例	2024年3月27日	国司备字〔2024010575〕
甘肃省燃气管理条例	2024年3月27日	国司备字〔2024010576〕
青海省安全生产条例	2024年3月19日	国司备字〔2024010561〕
西宁市人民代表大会及其常务委员会立法程序规定	2024年4月2日	国司备字〔2024010566〕
玉树藏族自治州第十四届人民代表大会第五次会议关于废止《玉树藏族自治州野生动物资源保护管理条例》的决定	2024年3月19日	国司备字〔2024010567〕
宁夏回族自治区贺兰山东麓葡萄酒产区保护条例	2024年3月26日	国司备字〔2024010501〕
宁夏回族自治区各级人民代表大会常务委员会规范性文件备案审查条例	2024年3月26日	国司备字〔2024010502〕
宁夏回族自治区人民代表大会常务委员会关于修改《宁夏回族自治区人民代表大会常务委员会组成人员守则》的决定	2024年3月26日	国司备字〔2024010503〕
宁夏回族自治区人民代表大会常务委员会关于修改《宁夏回族自治区人民代表大会及其常务委员会立法程序规定》的决定	2024年3月26日	国司备字〔2024010504〕

地方政府规章

规章名称	公布日期	备案登记编号
天津市人民政府关于废止《天津市公路保护管理办法》和修改《天津市重点建设项目审计规定》的决定	2024年2月28日	国司备字〔2024010510〕
太原市人民政府关于废止《太原市产权交易管理办法》等3件政府规章的决定	2024年4月3日	国司备字〔2024010524〕
青岛市海上旅游运动船艇管理办法	2024年4月1日	国司备字〔2024010519〕
辽宁省税费服务和征管保障办法	2024年2月7日	国司备字〔2024010506〕
抚顺市人民政府关于废止部分市政府规章的决定	2024年4月1日	国司备字〔2024010526〕
长春市献血管理办法	2024年3月15日	国司备字〔2024010514〕
齐齐哈尔市人民政府关于废止《齐齐哈尔市人民政府关于修改2022年第1号齐齐哈尔市政府令的决定》的决定	2024年4月7日	国司备字〔2024010538〕
泰州市市区公交场站建设管理办法	2024年3月26日	国司备字〔2024010528〕
福建省开发区管理办法	2024年2月28日	国司备字〔2024010552〕
福建省人民政府关于废止《福建省农业机械安全监理规定》的决定	2024年3月22日	国司备字〔2024010553〕
河南省专精特新企业培育支持办法(试行)	2024年3月13日	国司备字〔2024010515〕
南阳市餐厨垃圾管理办法	2024年3月12日	国司备字〔2024010499〕
湖北省民营经济发展促进办法	2024年2月7日	国司备字〔2024010562〕

续表

规章名称	公布日期	备案登记编号
咸宁市城市生活垃圾分类管理办法	2024年3月26日	国司备字[2024010574]
百色市户外广告设置管理办法	2024年3月12日	国司备字[2024010563]
拉萨市机动车和非道路移动机械排气污染防治办法	2024年3月27日	国司备字[2024010516]
拉萨市公共安全视频图像信息系统管理办法	2024年3月27日	国司备字[2024010517]
拉萨市人民政府关于修改《拉萨市行政调解规定》的决定	2024年3月27日	国司备字[2024010518]
拉萨市人民政府关于修改部分政府规章的决定	2024年3月27日	国司备字[2024010527]
渭南市城镇绿化管理办法	2024年3月26日	国司备字[2024010549]
武威市城区道路车辆停放管理办法	2024年4月4日	国司备字[2024010565]
哈密翼龙雅丹大海道景区管理办法	2024年3月19日	国司备字[2024010564]

图书在版编目(CIP)数据

中华人民共和国新法规汇编. 2024 年. 第 5 辑 : 总第 327 辑 / 司法部编. -- 北京 : 中国法制出版社, 2024. 9. -- ISBN 978-7-5216-4694-8

Ⅰ. D920.9

中国国家版本馆 CIP 数据核字第 2024AQ1277 号

中华人民共和国新法规汇编
ZHONGHUA RENMIN GONGHEGUO XIN FAGUI HUIBIAN

(2024 年第 5 辑)

编者/司法部

经销/新华书店
印刷/三河市紫恒印装有限公司
开本/850 毫米×1168 毫米　32 开　　　　　印张/4.75　字数/103 千
版次/2024 年 9 月第 1 版　　　　　　　　　2024 年 9 月第 1 次印刷

中国法制出版社出版
书号 ISBN 978-7-5216-4694-8　　　　　　　定价:18.00 元

北京市西城区西便门西里甲 16 号西便门办公区
邮政编码:100053　　　　　　　　　　　传真:010-63141600
网址:http://www.zgfzs.com　　　　　　编辑部电话:010-63141663
市场营销部电话:010-63141612　　　　　印务部电话:010-63141606
(如有印装质量问题,请与本社印务部联系。)